MICHAEL SCHUMACHER

TRIUMPH IN ROT

© 2000 by
ZEITGEIST MEDIA

ZEITGEIST MEDIA GmbH
Düsseldorfer Straße 60
40545 Düsseldorf
Tel. 0211-556255
Fax 0211-575167

Vertrieb
Motor buch Verlag
Motorbuch Verlag
Postfach 103743
70032 Stuttgart

Redaktionsschluss
Saisonende 2000

Herausgegeben von
WILLY KNUPP
im Auftrag von RTL Television

Autoren
Thomas Allstedt
Ralf Bach
Christoph Schulte

Produktion
Steffi Dautzenberg
Ulrike Weber

Fotos
Lukas T. Gorys
Bildnachweis Seite 160

Titelgestaltung
Udo Ring

Lithos
publishing partner, Bochum

Druck
Neue Stalling, Oldenburg

Printed in Germany
ISBN 3-613-30443-0

MICHAEL SCHUMACHER

MICHAEL SCHUMACHER UND FERRARI

DER MYTHOS FERRARI

Champ des Jahres

Geburtstag	3. Januar 1969
Geburtsort	Hürth-Hermühlheim bei Köln
Eltern	Vater Rolf, Mutter Elisabeth
Geschwister	Ralf, geb. 30. Juni 1975
Wohnort	Vufflens/Schweiz
Größe	174 cm
Gewicht	75 Kilogramm
Familienstand	verheiratet mit Corinna Tochter Gina Maria (geb. 20.2.1997) Sohn Mick (geb. 22.3.1999)
Erlernter Beruf	Kfz-Mechaniker
Hobbies	Kart fahren, Motorrad fahren, Yachting
Freizeitsport	Rad fahren, Joggen, Fußball, Ski
Musik	Rock, Tanzmusik
Lieblingssänger	Michael Jackson, Phil Collins, Marianne Rosenberg
Lieblingsküche	italienisch
Liebstes Getränk	Apfelsaft mit Mineralwasser

Karriere	**1983-1987**	Kart
	1988	Formel König, Deutscher Meister
	1989	Formel 3, DM 3. Platz
	1990	Formel 3, Deutscher Meister Gruppe C: WM 5. Platz, Markenweltmeister
	1991	Gruppe C: WM 9. Platz Formel 1 Jordan-Ford, Benetton-Ford, 4 P., 12. Platz
	1992	Formel 1 Benetton-Ford, 53 Punkte, 1 Sieg, 3. Platz
	1993	Formel 1 Benetton-Ford, 52 Punkte, 1 Sieg, 4. Platz
	1994	Formel 1 Benetton-Ford, 92 P., 8 Siege, Weltmeister
	1995	Formel 1 Benetton-Renault, 102 P., 9 Siege, Weltmeister
	1996	Formel 1, Ferrari, 59 P., 3 Siege, 3. Platz
	1997	Formel 1, Ferrari, 78 P., 5 Siege, 2. Platz*
	1998	Formel 1, Ferrari, 86 P., 6 Siege, 2. Platz
	1999	Formel 1, Ferrari, 44 P., 2 Siege, 5. Platz
	2000	Formel 1, Ferrari,108 P., 9 Siege, Weltmeister

*WM-Platzierung wurde nachträglich aberkannt (Jerez-Unfall)

FORMEL-1-BILANZ

GP-Starts	145
Pole-positions	32
Siege	44
WM-Punkte	678

Stand nach der Saison 2000

AUTOGRAMM-ADRESSE

Weber Management
Tränkestr. 11

70587 Stuttgart

Malaysia 2000

GLÜCKWUNSCH VOM BUNDESKANZLER

Diesen Brief faxte Gerhard Schröder an Michael Schumacher unmittelbar nach seinem Titelgewinn

Auch am Nürburgring konnte der Kanzler schonmal gratulieren.

8.OKT.2000 10:46 BUNDESKANZLERAMT NR.942

Berlin, den 8. Oktober 2000

Lieber Michael Schumacher,

Weltmeister 2000 in der Formel 1 - zu diesem großartigen Erfolg gratuliere ich Ihnen von ganzem Herzen.

Nach drei Siegen in Folge ist es Ihnen gelungen, den Kampf um den Titel vorzeitig zu entscheiden. Viele Menschen in Deutschland haben Ihnen während des Rennens in Suzuka die Daumen gedrückt und freuen sich mit Ihnen über Ihren insgesamt dritten WM-Titel.

Ihr fahrerisches Können und Ihre Nervenstärke, aber auch meisterliche Taktik und perfekte Hilfe durch das Team haben zu diesem Ergebnis maßgebend beigetragen.

In der kommenden Saison müssen Sie Ihren WM-Titel verteidigen. Schon jetzt wünsche ich für diese Herausforderung Erfolg und Glück.

Mit freundlichen Grüßen

Ihr

Gerhard Schröder

Bundeskanzler

Das Glück des Jahres

Das Taschentuch in Corinnas Hand war vor lauter Aufregung zu einem Haufen Fetzen zerknüllt, dann brach der Jubelschrei aus ihr heraus: Michael war soeben Weltmeister geworden, Weltmeister mit Ferrari. Fünf Jahre hatte er für diesen Triumph gekämpft. Nie war eine Umarmung inniger.

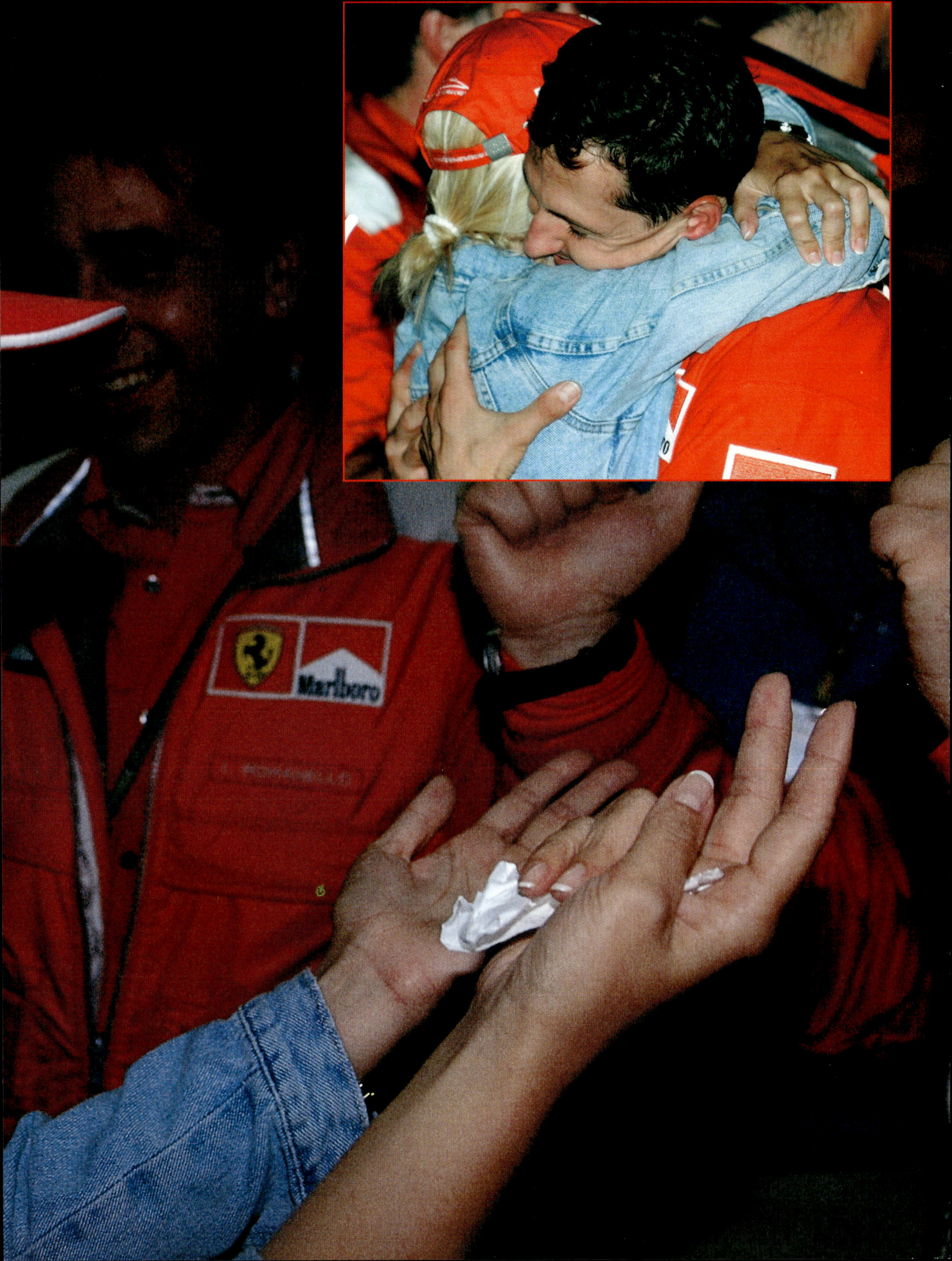
Marlboro

PETRO
BOSS

Die Frisur des Jahres

Nach dem Gewinn der Konstrukteursmeisterschaft durch Ferrari kamen in Malaysia schlagartig rote Perücken in Mode. Im schmückenden Einheitslook neben Weltmeister Michael sein Teamkollege Rubens und Strategie-Genie Ross Brawn. Noch ungeschmückt: Silberpfeil David Coulthard.

Marlboro
Shell
BRIDGESTONE
MAGNETI MARELLI
3
FIAT
Marlboro
E
Marlboro
tic tac
FedEx

Das Auto des Jahres

Der Weltmeisterschafts-Bolide F1-2000 war das zuverlässigste Auto im Feld.
Die Maße: 4,40 m lang, 1,80 m breit, 0,95 m hoch
Das Gewicht: 602 kg inkl. Fahrer und TV-Kamera
Der Motor: V10-Zylinder, 2997 ccm, ca. 850 PS, Spitze ca. 370 km/h
Das Getriebe: 7 Gänge, Halbautomatik
Der Verbrauch: ca. 70 l Superbenzin auf 100 km

Die Rivalen des Jahres

Vor dem Großen Preis von Ungarn hatten vier Piloten Chancen auf den Weltmeistertitel. Formel-1-Zampano Bernie Ecclestone bat die Spitzenpiloten der Saison 2000 zum Gruppenfoto:

David Coulthard – Michaels heftigster Kritiker. Zum Saisonende entschuldigte er sich.

Michael Schumacher – der Favorit. Gegen neun Saisonsiege war kein Kraut gewachsen.

Mika Häkkinen – amtierender Weltmeister, kühl, sachlich, souverän.

Rubens Barrichello – sensibel, ehrlich, sympathisch. Aber ein Sieg macht noch keinen WM-Kandidaten.

Mercedes-Benz
Mobil 1
BOSS
West
SIEMENS
WARSTEINER
Hakkinen
sparco
Marlboro
BRIDGESTONE

MICHAEL PRIVAT:
SUPERSTAR WIDER WILLEN

15 Zimmer, Schwimmbad, riesiges Grundstück: Das Paradies von Corinna und Michael am Genfer See.

Michael Schumacher hat es im Laufe der Jahre gelernt, sein Privatleben wie einen Schatz zu hüten. Und er nimmt seine professionelle Maske nur noch ab, wenn er zu Hause ist. Aber dann kommt ein ganz alltäglicher, eher biederer Ehemann und liebevoller Vater zum Vorschein.

Italiens Zeitungen sind die extremsten der Welt. Michael wird zum überirdischen Wesen hochgejubelt, wenn er gewinnt – und als schlimmste Dumpfbacke getadelt, wenn er einen Fehler macht. Nach dem Gewinn der Weltmeisterschaft übertrumpften sich die Zeitungen:

„Ferrari im Paradies – danke Schumi!" „Prophet Schumacher hat die Krone erobert!"

Michael Schumacher selbst versteht am wenigsten, warum man ihn auf ein Podest stellt: „Ich tue doch nur das, was ich am besten kann." Spricht man ihn darauf an, dass er im Moment der einzige Weltstar ist, den Deutschland auf der Sportszene zu bieten hat, verdreht er ungläubig die Augen. Tausende von Interviews hat er seit seinem Formel-1-Debüt 1991 gegeben, und ihm fällt spontan keine Frage ein, die ihm noch nicht gestellt worden ist. Er erinnert sich noch gut, „dass ich vor zehn Jahren völlig sicher war, der gleiche zu bleiben, der ich war. Mit den gleichen Gewohnheiten, den gleichen Vorlieben und dem gleichen Wohnort in Kerpen-Manheim. Ich war naiv, das zu glauben."

Schon ein Jahr nach seinem Debüt musste er nach Monte Carlo ziehen, „weil ich überhaupt kein Privatleben mehr hatte. Fans kamen sogar in mein Wohnzimmer und wollten mit mir grillen." Doch im städtischen Monaco wurde es ihm nach drei Jahren zu eng und zu laut. Deshalb zog er in die Schweiz, nach Vufflens, ein idyllisches kleines 450-Seelen-Kaff, zehn Kilometer vom Genfer See entfernt, mit Blick auf die Savoyer Alpen.

KLINGEL OHNE SCHILD

Das Haus hat 15 Zimmer und eine Schwimmhalle. Ein kleiner Steinweg führt zum Anwesen, am großen Tor hängt eine Klingel ohne Namensschild. Der weitläufige Hof wird von vier Garagen begrenzt. Ein kleiner Bach fließt durch das Anwesen.

Der Weltmeister lebt zurückgezogen mit Corinna, den beiden Kindern, den drei Hunden, zwei Katern namens Mosley und Ecclestone, einer Menge Hühnern mit dazugehörigem Hahn. Zwei philippinische Angestellte kümmern sich um Haus und Hof, besonders, wenn die Schumachers verreist sind. Und das sind sie im Winter oft wochenlang. Dann flüchtet die Familie in ihr Haus in Norwegen, weil Michael dort nicht von Touristen mit Camcordern verfolgt wird und auch Fotogra-

Eines der wenigen Familienbilder, die Michael der Öffentlichkeit gön

ına-Maria schäkert fröhlich mit den Eltern, während Stammhalter Mick sich anscheinend ernsthaften Zukunftsgedanken hingibt…

Einmal im Jahr darf Gina-Maria Papa am Arbeitsplatz besuchen. Immer auf der Piste dabei: Eine Haarbürste als Talisman.

fen von 30 Grad Minustemperaturen eher abgeschreckt werden. Das Haus hat 600 Quadratmeter Wohnfläche, die von Corinna liebevoll eingerichtet wurden.

Im Privatleben wird aus dem undurchdringlichen Weltmeister Schumacher wieder der Michael, genau genommen, der „Mischel" aus dem Rheinland. Einer, der in guter alter Kerpener Tradition auch dem Hochdeutsch der Rennstrecke adieu sagt und bei einem kleineren Problem meint: „Da müssen jetzt erst mal ein paar Mopeds runterlaufen."

Die Familie bestimmt seinen Tagesablauf – außer in den Stunden, in denen er im Fitnessraum im Keller trainiert. Das einzige, was er sich manchmal alleine gönnt, sind Ausflüge auf seiner Harley. Größere Einkäufe macht er zusammen mit Corinna, die Brötchen holt er alleine. Und er achtet durchaus auf die Preise: „Das ist seit meiner Kindheit in mir drin." Wenn er was sparen kann, fährt er auch einen Umweg, um billiger zu tanken.

Mick im Miniferrari

Der ganze Lebensinhalt daheim sind die Kinder. Stolz zeigt er den Besuchern, wie gut Gina schon mit einem Scooter umgehen kann, wie sie im Millimeterabstand an Hindernissen vorbeidriftet. Oder wie furchtlos und vor Vergnügen jauchzend der kleine Mick in einem Mini-Ferrari sitzt. Michael hat vorne ein Seil angebracht, mit dem er den kleinen roten Renner kräftig hinter sich her schleudert.

Die Medien nehmen einen besonderen Platz in Schumachers Leben ein. Der Umgang mit ihnen ist ein ständiger Kompromiss. „Am Anfang meiner Karriere habe ich mir verschiedene Interviews von Boris Becker angeschaut und gedacht: Das macht er gut, dies gefällt mir weniger. Aber richtigen Nutzen konnte ich nicht daraus ziehen. Ich habe wahrscheinlich die gleichen Erfahrungen gemacht wie Boris: Sie heben dich in den Himmel und lassen dich dann wieder fallen. Zum Glück half mir mein natürlicher Instinkt, damit umzugehen."

Am Kaffeetisch in der Schweiz traut er sich sogar zu sagen, was er sonst kaum äußern würde: „Deutschland ist doch im Prinzip eine reine Neidgesellschaft. Im Gegensatz zu Amerika: Da darfst du stolz sein auf das, was du verdienst. In Deutschland musst du versuchen, es zu verbergen."

Gerhard Berger hat einmal gesagt, unter den Formel-1-Fahrern gäbe es heute kaum noch Persönlichkeiten. Die meisten der Fahrer hätten einfach kein Charisma mehr.

Das lässt Michael so nicht gelten, er regt sich sogar darüber auf: „Gerhard ist am Anfang seiner Karriere zu einer Zeit Formel 1 gefahren, da konnte man abends noch einen draufmachen. Man musste nicht soviel trainieren, alles war weniger professionell. Das wurde dann anders, und dass sich unter anderen Voraussetzungen auch andere Charaktere entwickeln, ist doch logisch. Mit Verlaub: Wenn ich mir manche Dinge geleistet hätte, wie es Gerhard getan hat, dann hätte ich ernste private Probleme. Das ist einfach so.“

Wichtiger sei für ihn etwas anderes. Noch mehr als Siege und jeder Titel. Die Familie. „Als ich nach dem Großen Preis von Deutschland völlig frustriert war, weil ich das zweite Mal hintereinander nicht die erste Kurve überstanden hatte, sagte Gina nur zu mir: Papi, du hast ja schon wieder im Kies gestanden. So, und jetzt spiel mit mir. Was soll man da noch sagen? Sie hat ja recht.“

Onkel Ralf bringt Geschenke

Michael will seinen Kindern etwas bieten und er zieht dabei die Erfahrungen seiner Kindheit zu Rate. „Es gibt kein Patentrezept. So wie meine Kindheit manchmal kompliziert war, weil wir nicht viel Geld hatten, kann das Leben meiner Kinder kompliziert werden, weil wir eben sehr viel Geld haben", legt er seine Stirn in Falten, während Gina fragt, wann Onkel Ralf mal wieder vorbeikäme, weil der immer so schöne Geschenke mitbrächte. Eines weiß er ganz sicher: „Ich erziehe meine Kinder bestimmt nicht in die Richtung, Leistungssportler zu werden. Bei mir hat sich das ja auch irgendwann von selbst entwickelt. Wenn es der Rennsport unbedingt werden sollte, auch gut. Sie können frei entscheiden."

Es gäbe aber hauptsächlich zwei Gründe, warum er es lieber sähe, dass die Kinder nichts mit Rennsport zu tun haben wollten: „Erstens bin ich mir der Gefahren in meinem Sport bewusst. Zweitens würden am Anfang meine Kinder immer der Sohn oder die Tochter von Michael Schumacher sein. Damit zurechtzukommen, ist alles andere als einfach.“

Er kennt zur Genüge die falschen Schulterklopfer, die hinter jedem Prominenten eine Schleimspur ziehen. „Zum Glück kommen die gar nicht mehr an mich ran. Ich bin abgeschotteter als damals und damit nicht mehr greifbar. Ich gehe ja auch nicht auf irgendwelche Parties oder Veranstaltungen. Wenn du jung bist und neu in der Szene, dann willst du das Drumherum erst mal kennen lernen, damit du dir ein Bild machen kannst, ob du das willst oder nicht. Ich will es nicht mehr.“

Der Handvoll seiner frühen Freunde, die ihn umgaben, als er noch kein Weltmeister war, dieser Handvoll ist er bis heute ein verlässlicher Partner – und ein dankbarer auch. Zu vielen Rennen lädt er einen Stammtisch alter Kumpel ein, sitzt mit ihnen am Sonntagabend in entspannter Runde und plaudert über alte Zeiten und neue Anekdötchen.

Michael ist heute jemand, der Geld zum Abwinken hat. Welche Träume bleiben da

In der Luft: Zum Reisen nutzt Michael seine private Challenger.

Zu Wasser: In Monaco machte seine Yacht dem Ehepaar viel Spaß.

Zu Lande: Auch privat fährt Michael Produkte aus Maranello.

noch? Als nächstes steht ein Umzug ins Haus. Die Schumachers werden die französische Schweiz verlassen und orientieren sich in den deutschen Teil der Schweiz. Sie haben ein Haus in der Nähe des Bodensees im Auge. „Gina soll in eine deutschsprachige Schule gehen und ich will auch wieder näher an meiner Heimat sein", sagt Corinna.

Ein Bauernhof mit Platz für viele Tiere, mit Ställen für Corinnas Pferde, mit reichlich Raum zum Spielen wird gesucht. Es soll, so sieht es Michael, das endgültige Zuhause der Familie werden. Den alten Traum von einer einsamen Farm in Kanada hat er sich abgeschminkt. Aber der Bauernhof in der Schweiz sollte ihn darüber hinwegtrösten.

CORINNA
DIE FRAU AN SEINER SEITE

Michaels Glücksbringer: Corinna begleitete ihn im Weltmeisterjahr 2000 zu fast allen Rennen. Michael: „Sie hat mir geholfen, die Krise i

Hinter großen Männern stehen starke Frauen, sagt man. Corinna Schumacher wirkt so zart und zurückhaltend. Aber sie gibt Michael die Kraft zum Siegen. Und sie allein weiß, wie sehr die dreimonatige Zwangspause 1999 ihren Michael verändert hat. Ein Beinbruch kann auch was Positives haben...

der Saisonmitte zu überwinden."

Der Weltmeistertitel 2000 war noch keine fünf Minuten alt. Michael drängte sich im Parc fermé an die Absperrung, begann die Ferrari-Crew abzudrücken. Jeden einzelnen Mechaniker umarmte er, jeder erhielt ein „Gracie“, jeder seinen Freundschaftsklaps. Am Ende der Reihe stand Corinna. Michael ergriff ihren Kopf und eine herrlich endlose Zeit schien er die Fernsehkameras zu vergessen, die auf ihn gerichtet waren. Es war ein wunderbarer langer Kuss, in den sich die beiden fallen ließen, ein ganz intimer, ganz persönlicher Moment, an dem sie die Welt teilnehmen ließen.

Dieser Titel war Schumachers größter Triumph, aber er vermittelte der Welt: Es ist unser Titel, Corinna hat ihren Anteil. Ein Jahr zuvor, als er nach seiner Beinbruch-Genesung in Malaysia wieder an den Start gegangen war, hatte er seine Corinna erstmals öffentlich aufs Podest gehoben und ihr seinen Dank ausgesprochen: „Corinna machte eine schwere Zeit durch, als ich in den Wochen nach meinem Unfall auf dem Sofa liegen musste und mein Bein nicht den Wünschen meines Kopfes folgen konnte. Ich wollte aufstehen, mich bewegen, trainieren. Für ein Leben auf dem Sofa bin ich einfach nicht geschaffen. Da braucht der Partner ganz viel Geduld. Sie hat mir unendlich geholfen.“

Mit Corinna und Michael haben sich zwei gesucht und gefunden. „Ich merkte schon früh, dass er eigentlich nur einen Blick für Corinna hatte”, sagte sein ehemaliger Mitstreiter im Mercedes-Junior-Team und Corinnas Ex-Freund Heinz-Harald Frentzen, „und heute weiß ich, dass sie optimal zusammenpassen.“

Keine Prinzessin

Michael selber sagt von seiner Frau: „Sie ist die perfekte Partnerin für mich. Weil sie genauso ausgeglichen ist, wie ich selbst, weil sie mir das Privatleben auf so wunderbar reibungslose Art organisiert, und weil sie keine Prinzessin ist, sondern aus dem gleichen Milieu stammt wie ich.“ Corinnas Eltern haben im sauerländischen Halver einen Fliesenhandel. Im elterlichen Geschäft hat Corinna eine kaufmännische Lehre absolviert. „Aber“, sagt sie, „ich kann auch ganz gut Fliesen legen.“

Solche handwerklichen Fähigkeiten sind nicht gefragt, seit beide ein Paar sind. Als sie sich ihre Liebe eingestanden, hat Michael die harten Lehrjahre im Rennsport hinter sich. Er ist Junior im Mercedes-Team, bekommt wenige Monate später seinen ersten Formel-1-Vertrag. Von da an ist das Leben zumindest frei von finanziellen Sorgen. Michael hat eine größere Wohnung in Kerpen, 1994 ziehen sie als Verlobte der Steuer wegen nach Monaco. Ein Jahr später, Michael ist unaufhaltsam auf dem Weg zu seinem zweiten Weltmeistertitel, heiraten sie auf dem Petersberg bei Bonn.

„Einzeln sind wir Worte, gemeinsam ein Gedicht“, steht auf den Einladungskarten für 78 handverlesene Gäste. „Ich wollte eigentlich eine stille Hochzeit“, sagt Michael. „Aber Corinna träumte von einer Märchenhochzeit mit langem Schleier, mit Brautkindern und einem schönen Fest mit guten Freunden.“

Das sei einer der wenigen Augenblicke in ihrer gemeinsamen Zeit gewesen, in denen sie verschiedener Meinung waren. Michael tat Corinna den Gefallen: „Man muss gegenseitig Respekt vor dem anderen haben“, sagt er. „Und man muss miteinander reden. Zu große Gegensätzlichkeiten stören im Alltag.“

Es dürfe nicht so sein wie bei seinen Eltern: „Sie waren total unterschiedlich. Aber das haben sie in fast dreißig Ehe- und gemeinsamen Arbeitsjahren nie erkannt. Sie haben ja rund um die Uhr geschuftet. Erst als sie zur Ruhe gekommen waren, haben sie bemerkt, dass sie gar nicht zusammenpassen.“ Nach dreißig gemeinsamen Jahren trennten sich Rolf und Elisabeth Schumacher 1997.

ALS KINDER NICHT VERWÖHNT WORDEN

Michael beteuert immer wieder, wie wichtig es für ihn ist, dass Corinna aus einem ähnlich kleinbürgerlichen Haus kommt, wie er: „Wir sind beide als Kinder nicht verwöhnt worden.“ Erstaunlicherweise bleiben beide erdverbunden, trotz des weltweiten Medienrummels, trotz der unfassbaren Millionengagen, trotz des Jubels und der geschwenkten Fahnen bei Michaels Fahrten an den Tribünen entlang. Michael: „Zuhause ist eine andere Welt. Wir haben keinen Glamour und keine ‚Boxenluder' und keine Schampusgelage. Statt dessen die Schwiegermutter, die ein bisschen mithilft, seit Mick auf der Welt ist.“

Der Stammhalter wurde am 22. März 1999 geboren, ganze zwei Jahre nach Gina Maria. Deren bevorstehende Ankunft war Michael an einem Triumphtag herausgerutscht – am 25. August 1996, unmittelbar nach seinem Monza-Sieg für das neue Team Ferrari. Solche spontanen Äußerungen sind ihm früher schwerer gefallen als heute. Corinna hat ihn zu einer neuen Art von Spontanität bestärkt, die der im Privatleben eher risikoscheue Schumacher immer vermieden hat.

Die Tränen, die ihm nach seinem Monza-Sieg 2000 befreiend vor laufender Kamera über die Wangen rannen, hätte er früher mit eiserner Disziplin bekämpft. Öffentlich Gefühle zu zeigen, die über die erwarteten Podiumsreaktionen hinausgingen, das war für ihn undenkbar. Wie viele Männer denken so.

„Füreinander geschaffen“: Zweisamkeit in der Boxengasse.

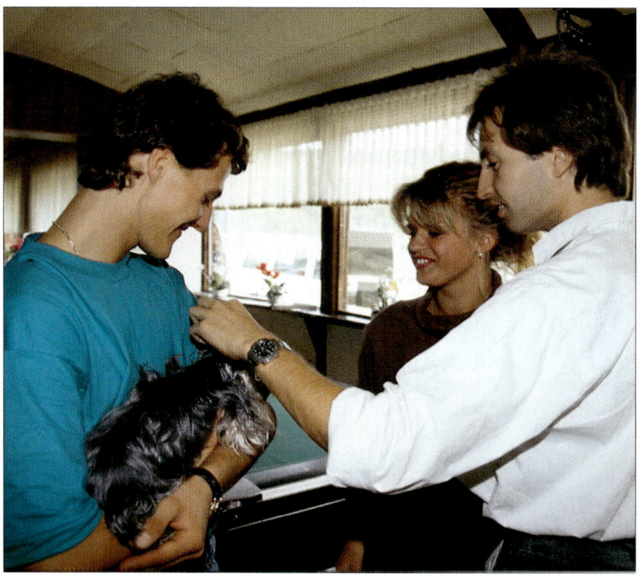

So lernten sie sich kennen: Michael, Corinna, Freund HH Frentzen

Corinna kennt den Grund der neuen Schumacher-Stärke ganz genau: „Während seiner Genesungszeit war viel Zeit zum Reden und Nachdenken“, sagt sie. Da hätte ihr Michael gelernt, auch sich selbst mal in Frage zu stellen. Und das hat bekanntlich noch niemandem geschadet.

BEWUSSTSEINS-VERÄNDERUNG

In den drei Monaten, in denen er 1999 pausieren musste, machte der deutsche Champion mit Hilfe von Corinna eine Bewusstseinsveränderung durch, die ihn stärker denn je zurückkommen ließ. Die drei Monate im Schoß der Familie brachten dem Ferrari-Protagonisten mehr als all seine Rennerfahrung und sein ehrgeiziges Fitnesstraining. Weil: Bewusstseinserweiterung fängt in der Seele an und die kann man weder kaufen noch trainieren. Diese Therapie begann auf der Couch.

Es waren zum großen Teil richtig gemütliche Tage. Michael Schumacher schaute oft aus dem Fenster und sah, wie sich die Sonnenstrahlen in der Ferne am Gipfel des Mont Blanc spiegelten. Vormittags therapierte er sein verletztes Bein, dann wurde im Familienkreis zu Mittag gegessen. Corinna kocht stets selbst. Sohn Mick hielt seinen Mittagsschlaf, ab und an schaute Corinna nach ihm. Tochter Gina-Maria stolperte immer dann ins Zimmer, wenn sie vor Glück quietschend hinter einem der vier Hunde her jagte.

„Es war schön, soviel Zeit für die Familie zu haben, ein ganz normaler Familienvater zu sein, der seine Tochter zu erziehen hat und feststellen musste, dass die Kleine einen ganz schön an der Nase herumführen kann“, erzählt Schumacher. „Gleichzeitig war da die Unruhe, die mir sagte, du musst jetzt trainieren, damit du so schnell wie möglich wieder fit wirst.“ Zu frühes Training führte dazu, dass zwei Comebackversuche wieder abgeblasen werden mussten. Corinna nahm ihm so viel wie möglich ab, redete mit ihm, hörte ihm zu, ließ ihn in Ruhe, wenn sie glaubte, dass es besser für ihn wäre. Irgendwann gelangte er zu einer finalen Erkenntnis: „Ich lernte, dass man nichts erzwingen konnte. Weder privat, noch im Rennwagen. Also stellte ich mein Training um."

Kein Tunnelblick mehr

Seit seiner Genesungszeit ist er auch im Fahrerlager easy drauf. Er läuft nicht mehr mit diesem Tunnelblick von Meeting zu Meeting, der früher dazu geführt hatte, dass er – weil völlig konzentriert auf Reifenwahl, Boxenstrategie und Fahrzeugabstimmung – nichts mehr wahrnahm. Manchmal lief er sogar an seiner Corinna vorbei, ohne sie zu bemerken. Corinna hatte damals nur mit den Achseln gezuckt und verständnisvoll gelächelt. Plötzlich aber plaudert er zwischen Reifendiskussionen und möglicher Boxenstoppstrategie über alltägliche Dinge wie Windelwechseln, und auf welche Weise man am besten den schreienden Schumi Junior beruhigt.

Michael liebt seine Corinna ohne Zweifel über alles. Nur: Seit seinem Unfall kann er es auch in der Öffentlichkeit ohne Hemmungen zeigen. Oft legt er spontan den Arm um sie, nimmt sie bei der Hand oder herzt sie mitten im Fahrerlager und mitten im Gespräch.

Dank Corinnas Einfluss, hat er keine Probleme mehr, offen über seine Gefühle zu reden. Liebevoll erinnert er sich beispielsweise an die Geburt seiner Kinder: „Ich versuchte im Kreißsaal meine Frau moralisch zu unterstützen. Ich möchte das, ehrlich gesagt, nicht zu oft mitmachen, weil es mir für Corinna einfach zu weh tut.

Du stehst dabei, versuchst so etwas wie der ruhende Pol zu sein. Wir haben im Abstand von drei Jahren zwei Kinder bekommen, und beide Male war es eine völlig neue Erfahrung für mich. Jede Geburt ist anders, auch für den Vater. Auch wenn es komplikationslos abging, es dauert endlos lange und du leidest mit. Aber wenn das Kind dann da ist, dich anschaut und schreit, dann ist die Welt wieder in Ordnung."

Geburtstermine kann man nicht nach Rennkalendern planen. Michael: „Die ersten Tests, die ich nach Micks Geburt fahren musste, waren alles andere als einfach, weil meine Frau noch im Krankenhaus war. Zum Glück war ihre Mutter da."

Dass sich Michael Schumacher verändert hat, fiel auch anderen auf: „Michael ist stärker als vor seinem Unfall", beobachtete sein ehemaliger Benetton-Teamkollege Martin Brundle, heute Manager von McLaren-Mercedes-Pilot David Coulthard. „Er wirkt viel gelöster und setzt sich weniger unter Druck."

Minuten panischer Angst

Ein Garant hierfür ist Ehefrau Corinna. Seit sie seinen Unfall zu Hause am Bildschirm erlebte, endlose Minuten in panischer Angst verbrachte, bevor sie seine Stimme über Handy hörte, reist sie zu fast allen Rennen mit. Sie will solche Situationen nie mehr erleben.

Im Fahrerlager bleibt Corinna im Hintergrund. Meist sind einige Freundinnen dabei, mit denen sie sich in eine Ecke der Ferrari-Hospitality verzieht, über die Kinder redet, über Kochrezepte, Mode und andere alltägliche Themen. Sie sieht das Rennen am Bildschirm im Fahrerlager an, anders als Mika Häkkinens Ehefrau Erja mag sie nicht vor den Boxenmonitoren in der Öffentlichkeit mitzittern. Sie gibt keine Interviews, mischt sich auch nicht in die Gespräche der Crew ein. Das Managen, sonst gerne das Hobby vieler Sportlergattinnen, überlässt sie Willi Weber. Nur zur Siegerehrung – oder zum Trösten, wenn's nötig ist – eilt sie nach vorne, an den Kameras vorbei, die hingehaltenen Mikrofone ignorierend. Und Michael sucht unter allen Gratulanten, allen entgegengestreckten Händen, allen Schulterklopfern vor allem eines: Corinnas Augen – und ihren Mund.

Bei der gemeinsamen Feier nach Michaels Titelgewinn 2000 nahm Mika Häkkinen morgens um fünf Corinna in den Arm und ließ sich ein Mikrofon geben. „Du hast immer hinter ihm gestanden", sagte er. „Damit hast du ihm zur Weltmeisterschaft verholfen. Ich weiß, wie wichtig das ist, auch meine Erja hat mir bei meinen Titeln sehr geholfen."

Michaels wichtigste Stützen in der Formel 1 – seine Frau Corinna und der Rennleiter Jean Todt.

Der dreifache Weltmeister Michael Schumacher steht in der Rangliste ganz oben: Kein anderer Sportler verdient so viel wie er. Fast eine Milliarde Mark, so hat ein Wirtschaftsmagazin errechnet, flossen bisher auf sein Konto. Michael freut sich: „Schönes Gefühl, dass ich nach der Formel-1-Karriere nicht mehr arbeiten muss." Ein Zahlenspiel, bei dem jedem Normalverdiener ganz schön schwindelig wird. Dennoch: Wirtschaftsbosse reißen sich darum, noch mehr zahlen zu dürfen. Die Formel 1 gilt als attraktivste Sportveranstaltung überhaupt – und Michael ist der Mann, auf den alle setzen.

Im Fahrerlager hat jedes Team einen Kasten in seinem Motorhome, in dem das „EuroBusiness"-Magazin ausliegt – als kostenloses Leseexemplar. Titelgeschichten handeln entweder von Daimler-Chef Jürgen E. Schrempp oder Ford-Boss Jac Nasser – auf jeden Fall von einer Wirtschaftsgröße, die mit der Formel 1 zu tun hat. Wer weiß, dass das Wirtschaftsblatt von Formel-1-Chef Bernie Ecclestone finanziert wird, wundert sich weder über Inhalte noch über den freundlichen Service. In der Ausgabe zum Saisonstart in Melbourne deckte das Magazin, das an der Quelle jedes Geldgeschäftes innerhalb der Formel 1 sitzt, alle Budgets der Teams auf und was jeder Sponsor zu bezahlen hatte.

50.000 Mark pro Stunde

In einer anderen Ausgabe gingen die Engländer noch einen Schritt weiter. Sie stellten eine Rangliste der 100 bestbezahlten Sportler Europas auf. Die Liste führte – wer sonst – Michael Schumacher mit großem Abstand vor den beiden englischen Boxern Lennox Lewis und Naseem Hamed an. Schumacher hat laut „Eurobusiness" in seiner zehnjährigen Karriere bislang 960 Millionen Mark verdient. Wer ihn für eine Stunde buchen will, muss mindestens 50.000 Mark bezahlen – die An- und Abreise wird zusätzlich berechnet. Schon an siebter Stelle folgte direkt hinter dem bestverdienenden Fußballspieler Dennis Bergkamp (26 Millionen Mark im Jahr) sein Bruder Ralf. 25 Millionen Mark soll der 25-jährige in 2000 verdient haben, davon 13 Millionen bei Williams-BMW. 2001 wird sich sein Gehalt laut „Eurobusiness" sogar auf 16 Millionen Mark steigern.

Wer Manager Willi Weber nach den Zahlen fragt, erhält nur ein Grinsen als Antwort. Und ein Schulterzucken. Allerdings, ein wenig Stolz ist seiner Mimik abzulesen. Schließlich ist er nicht ganz unschuldig daran, dass er mit den Schumacher-Brüdern ein Wirtschafts-Imperium geschaffen hat, das in der Sportwelt seinesgleichen sucht.

Schumachers Umzug in die Schweiz 1996 half da kräftig mit. Erwerbslose Ausländer können in der Schweiz nämlich von speziellen Steuerabkommen pro-

Nicht nur im großen, auch mit kleinen Ferraris verdient Schumi gut.

GANZ OBEN

Der Sieg in Suzuka brachte Michael auf den Zenit seines Lebens. In der Rangliste der bestverdienenden Sportler ist der dreifache Formel-1-Weltmeister schon lange ganz oben.

Mekka für Schumi-Fans ist die riesige Karthalle in Kerpen – bald auch mit Schumacher-Museum.

Getrennt leben, gemeinsam arbeiten: Die Eltern Rolf und Elisabeth Schumacher leiten die Karthalle.

fitieren – sofern sie reich sind. Erwerbslos? Ja. Da in der Schweiz keine Formel-1-Rennstrecken existieren, erfüllt Michael als Rennfahrer die Bedingung der Erwerbslosigkeit, die es für Steuerabkommen zwingend braucht. Als Hilfsgröße für die Bestimmung des Steuerbetrags wird gemäß Gesetz „mindestens das Fünffache der jährlichen Mietkosten" herangezogen. Für Schumachers Eigenheim wird eine fiktive Jahresmiete von 360.000 Franken angesetzt. Das ergibt – mal fünf – die Summe von 1,8 Millionen. Auf diesen Betrag zahlt er in seinem Wohnort Vufflens rund eine halbe Million Franken Steuern. Beim Jahreseinkommen von über 120 Millionen Mark dürfte ihm die Steuerrechnung wirklich keine Kopfschmerzen verursachen.

Absoluter Weltstar

Nicht nur deshalb ist Michael Schumacher auch im Geldverdienen ein echter Weltmeister. Der Wechsel des damals 27-Jährigen zu Ferrari hat sich als Schlüssel zu einem Werbetresor in bisher ungeahnter Dimension entpuppt. „Der Mythos dieses Teams machte vieles leichter", sagt Willi Weber. Mit der Kombination Ferrari/Schumacher würden schließlich 90 Prozent der Motorsport-Fans angesprochen. Weber stolz: „Wir sind jetzt ein richtiges Wirtschaftsunternehmen."

Viele Trittbrettfahrer

„Michael ist ein absoluter Weltstar und ein Idol für die Jugend", sagt Weber. „Langfristig kommt keine Firma an seinem Namen vorbei. Er ist der Mann, den Unternehmen für ihre Produkte brauchen." In der Michael-Schumacher-Kollektion werden von Lizenznehmern rund 220 Artikel zu Preisen zwischen fünf und 2.000 Mark zum Verkauf angeboten. Größter Renner: Die Schumi-Kappen, Stückpreis knapp 40 Mark. Clever ändert man jährlich Aufschrift oder Farbe – der echte Fan muss also eine neue erwerben. Michael ist mit zehn bis 15 Prozent an allen Lizenzeinnahmen beteiligt.

Webers Firma Pole Position Marketing, von seiner Tochter Christina geführt, kümmert sich um den Direktversand per Katalog. Der Katalog ist das „Michael-Schumacher-Magazin". Es kostet 12,80 DM und erscheint vierteljährlich. Der wirtschaftliche Aufschwung hat aber auch seinen Preis: „Unglaublich, wie gnadenlos sich die vielen Trittbrettfahrer anlehnen wollen", sagt Weber voller Zorn. Der Manager hat aus diesem

Das Einkommen des Weltmeisters 2000

Fahrer-Gehalt bei Ferrari:	
35 Mio US$, beim Kurs von 2,10 DM	73,5 Mio DM
Privatsponsoren im Jahre 2000:	
DVAG	4,8 Mio DM
Mattel	3,5 Mio DM
Bridgestone	3,0 Mio DM
L'Oreal	2,5 Mio DM
Nike	1,5 Mio DM
Telekom Italia	1,0 Mio DM
	16,3 Mio DM
Weitere Einnahmen aus Lizenzen (Michael-Schumacher-Kollektion), Werbeauftritten, Siegprämien, etc. schätzungsweise	30,0 Mio DM

Rotkäppchen bringen Millionen in die Kasse: Auf den Tribünen bilden Schumacher-Fans stets eine unübersehbare Mehrheit.

Grund einen Anwalt eingeschaltet, der rund um die Uhr mit Abmahnungen gegen Raubkopierer der Schumacher-Artikel beschäftigt ist. „Der Anwalt kostet uns jede Menge Geld."

Durch diesen Titel mit Ferrari werden die Verkaufszahlen weiter in die Höhe schnellen. „Vor allem auf dem italienischen Markt erwarte ich eine Steigerung um 30 Prozent." „Die Formel 1 ist ein hochkommerzielles High-Tech-Abenteuer, mit hoher Rentabilität und ungebrochenen Wachstumsaussichten", begründet das US-Wirtschaftsmagazin „Forbes" das Interesse von Firmen an dem Rennzirkus. An der Spitze der Geldgeberhitparade stehen die Zigarettenfirmen: Philip Morris bezahlt pro Jahr 110 Millionen Dollar an Ferrari, damit Michael Schumacher als zeitgeistiger Marlboro-Mann das Image des modernen Asphaltcowboy herüberbringt.

Nicht nur eine Steigerung des Bekanntheitsgrades, auch Imagegewinn versprechen sich die Firmenmanager von einer Formel-1-Verbindung. Kleiderfabrikant Rocco Benetton: „Wir mussten uns da engagieren, wo die Besten der Besten vertreten sind."

Keinen Pass mehr

Kein Wunder, dass da Willi Weber noch weiter plant. „Michael braucht weltweit keinen Pass mehr, wenn er mit Ferrari den Titel holt", glaubte er schon vor Jahren. Jetzt, wo es soweit ist, strebt er die Eroberung des US-Marktes an. Weber: „Amerika ist eine Herausforderung und ein Markt mit viel Potential." Die Idee, eine sogenannte „Schumi-Aktie" auf den Markt zu bringen, schwebt dem Stuttgarter schon längere Zeit im Kopf herum.

Wie Michael Schumacher sein Geld anlegt, wird natürlich niemand erfahren. „Eher konservativ", ist ihm allenfalls zu entlocken – aber wer hätte etwas anderes vermutet. Neben den bekannten Häusern in der Schweiz und Norwegen besitzt er eine stattliche weitere Sammlung an Immobilien. Auch seinen – getrennt lebenden – Eltern schenkte er Häuser. Zudem investierte er fast zehn Millionen Mark in die Kerpener Karthalle.

Michael: „Es ist ein beruhigendes Gefühl, nach meiner Formel-1-Karriere nicht mehr arbeiten zu müssen." Sein Reichtum sei aber ein Grund mehr, sich in Zukunft noch stärker für wohltätige Zwecke zu engagieren: „Es gibt so viel Armut auf der Welt, da möchte ich helfen", betont er immer wieder. Reden mag Schumacher nicht darüber. Hauptsächlich unterstützt er aber Organisationen, die sich in irgendeiner Form um Kinder kümmern. Seit 1997 fördert Michael unter anderem die „Stiftung RTL – Wir helfen Kindern."

DER MANN, DER IMMER SIEGT

Mit Weltmeister Michael Schumacher und Ferrari auf der Gewinnerseite: Manager Willi F. Weber zeigt stolz das V für Victory – natürlich i

einer Lieblingsfarbe Ferrari-Rot.

Manager Wilhelm F. Weber kassiert immer ab – egal, ob seine Schützlinge siegen oder nicht. Aber nach Michaels Weltmeistertitel auf Ferrari geht's erst richtig los – jetzt sollen auch Italiener, Amerikaner und alle anderen Nationalitäten Schumi-Mützen kaufen. Weber erahnte Michaels Talent früher als alle anderen: „Ich habe das richtige Los gekauft", sagt er. Ein Los, das jedes Jahr Ziehung hat. Die 20 Prozent, die er von den Einnahmen seiner Schützlinge Michael und Ralf Schumacher kassiert, summieren sich auf lockere 35 Millionen Mark jährlich, mit steigender Tendenz.

Was muss es für eine Genugtuung für Willi Weber gewesen sein, als er am 10. Oktober 2000 aus dem Fenster seines Büros schaute und auf den riesigen Mercedes-Stern sah, der sich auf dem Dach der Daimler-Zentrale drehte. „Trotziges Ding", murmelte der Manager. Schließlich war es erst zwei Tage her, dass sein Schützling den triumphalsten aller möglichen Siege eingefahren hatte, einen für die Ewigkeit eben. „Sein Michel" war Weltmeister auf Ferrari geworden, allem zum Trotz, gegen alle Zweifler und Kritiker und vor allen Dingen gegen die „silberne Übermacht", auf deren Wahrzeichen er gerade blickte.

Wie oft hatte er im Spaß gesagt, dass der Tag kommen werde, an dem Konzernchef Jürgen Schrempp bereuen würde, in aller Öffentlichkeit gesagt zu haben: „Solange ich bei Daimler bin, fährt Michael Schumacher nicht für uns." Willi Weber glaubt als Buddhist daran, dass alles im Leben einmal zurückkommt. „Noch vor dem Rennen in Suzuka hat sich Mercedes-Rennleiter Haug in einer Zeitung über mich lustig gemacht. Jetzt lache ich."

Haug hatte in Japan noch einmal die Geschichte mit den 98er Mützen zum besten gegeben: Willi, damals vor dem Saisonfinale in Suzuka überzeugt, dass sein Schützling den Titel einfahren wird, hatte ein Paket mit 100 Schumi-Mützen „Weltmeister 1998" nach Japan kommen lassen. Wilhelm F. Webers Pech: Die Japaner verwechselten Vor- und Nachnahmen und gaben das Paket bei einem Herrn Wilhelm ab – dem Hausfotografen von Mercedes. Der brachte das Paket brav seinem Chef, der machte es sogleich auf. Die Geschichte blieb natürlich nicht geheim.

Zwei Privatjets

Weber hat die Peinlichkeit inzwischen verkraftet. Ihm geht es schließlich richtig gut. Auf dem nahen Flughafen warten zwei Privatjets, um ihn zu Verhandlungen zu fliegen. Und auf drei Etagen erstrecken sich die Firmen in seinem Bürohaus in Stuttgart-Degerloch zur kommerziellen Verwertung der Schumacher-Brüder.

Sein Büro hat eine Willi-Ecke und eine Herr-Weber-Seite. In der Willi-Ecke gibt es Schumi-Trophäen aller Art. Der seriöse Herr Weber lässt dafür auf der anderen Seite permanent einen Riesenbildschirm flimmern mit den neuesten Devisenkursen drauf. Überhaupt ist Willi Weber ein wandelnder Kompromiss: Wild will er sein und unabhängig, gleichzeitig aber seriös. Nichts als sein Aussehen und seine Kleidung drückt besser den auf ewig unentschieden endenden Kampf aus – zwischen dem Möchtegern-Jugendlichen Willi, der mit dem seriösen Manager Herr Weber ringt. Er trägt einen Dreitagebart, dessen Gepflegtheit ihm aber die Wildheit nimmt. Er trägt Jeans, die aber sind gebügelt.

Am meisten nervt Mister 20 Prozent, wenn er als Trittbrettfahrer dargestellt wird, der erst durch Michaels Millionen zum Vermögen kam. „Mich gab's schon vor Michael und zwar in gewaltiger Form!" Als Beweis erzählt er noch mal seinen Werdegang im Motorsport.

In Kürze: 1984 erfüllte sich der 42-jährige Millionär einen Jugendtraum und kaufte sich ein Cockpit in der Formel 3. Aber das war es nicht. „Die jüngeren Fahrer wollten sich von mir ums Verrecken nicht überholen lassen", beschreibt Willi seinen Misserfolg als Pilot. Also kaufte er das Team, benannte es in WTS um und stellte

An der Rennstrecke kennt man ihn in gebügelten Jeans, als Geschäftsmann im feinsten Maßanzug.

auch bald mit Joachim Winkelhock den Meister. Aber Weber träumte schon längst von der Formel 1. Raus aus der Provinz, hinein ins pralle, volle Leben.

Die Eintrittskarte in den Eliteclub hielt er auch schon in der Hand. Ein Jahr lang hatte er ihn beobachtet, diesen Michael Schumacher aus Kerpen – ein Kfz-Mechaniker, ein Junge aus einer Kleinstadt, bieder, vorsichtig und scheu im Gespräch, aber ein Tier im Rennauto und mit mehr Talent ausgestattet, als Willi je gesehen hatte. „Na ja“, sagt Willi, „der Rest ist ja schon Geschichte.“

Geschichte! Historie! Genauso meint er es. Da fällt ihm noch etwas ein. Etwas sehr Wichtiges. „Olympische Gedanken sind uns fremd“, sagt er bestimmt. „Dabei sein ist nicht alles für uns. Wir wollen die Besten sein, basta.“ Und noch eins: „Ich laufe nicht wie der Bodyguard einen Schritt hinter den Stars her“, sagt er. „Wir sind doch gemeinsam groß geworden.“

Der ewige Drang nach der Spitze hat mit seiner Herkunft zu tun. Willi Weber wurde 1942 in Regensburg geboren. Der Vater war gelernter Bankkaufmann, doch nach seiner Entlassung aus russischer Kriegsgefangenschaft brachte er die sechsköpfige Familie als Klamottenhändler durch. Er kaufte alte Armeebestände der Amerikaner und Wehrmachtsuniformen auf und ließ sie von der Familie in Heimarbeit für den zivilen Markt herrichten.

Mit 25 die erste Million

Willi sehnte sich bald nach schnellen Autos und dem dazu notwendigen schnellen Geld. Deshalb verließ er Schule und Elternhaus nach der mittleren Reife und lernte Hotelkaufmann – plus Praktikum bei McDonalds in Miami. Arbeiten wollte er, ja, wie ein Berserker. Aber bitte nicht für andere, sondern für sich selbst. Also pachtete er in und um Stuttgart Kneipen und brachte ein Stück Amerika ins Schwabenland.

Er eröffnete Kneipen mit Discjockeys, Spielautomaten und allem, was er sonst noch so in Amerika gesehen hatte. Mit 25 Jahren hatte Willi Weber seine erste Million gemacht und mit 26 war sie schon wieder weg. Er machte einfach mit doppelter Energie weiter und konnte sein Kneipen-Imperium auf 35 Betriebe und zwei Hotels steigern.

„Das Leben damals“, sagt er, „war knallhart.“ Deshalb tut es ihm verdammt gut, wenn ihn heute Leute um was bitten, die ihn früher belächelt haben. „Tausend Bettelbriefe im Monat sind Durchschnitt“, lästert er. „Man glaubt gar nicht, wie viele karitative Zwecke jeden Tag erfunden werden!“ Den „ganzen Neid der Deutschen“ könne er nicht verstehen. Er hält als Argument entgegen: „Wenn ich die Schauspielerhonorare in Amerika sehe, sind wir im Verhältnis arme Baumwollpflücker.“

Respekt-Person

Worauf er Wert legt: Er sei den Schumacher-Brüdern stets mehr gewesen als bloß Manager. Er sieht sich auch als deren Erzieher zu Weltmännern. Er duzte sie umstandslos, sie hatten „Herr Weber“ zu ihm zu sagen. Dem Michael hat er das Du erst angeboten, als er Deutscher Meister der Formel 3 wurde. „Bei Ralf möchte ich noch ein paar Jahre Respektperson bleiben.“ Immerhin, auch bei dem zweiten Kerpener hat ihn sein Instinkt nicht getäuscht: Schon zu Formel-3-Zeiten managte er den zweiten Schumi, und um die Aufgabe hätte er sich gewiss gedrückt, wenn er in ihm eine Lusche gesehen hätte.

Er wird nie laut gegenüber Michael oder Ralf. „Wenn ich denen ein Aufbrausen vorlebe, machen sie es nach. Ich bin schließlich verantwortlich für ihr Image“. Denn: „Nur Erfolg plus Image bringt Sponsoren!“ In der Ruhe liege die Kraft. „Meine 25 Angestellten sollen abends nach Hause gehen und zu ihren Freunden sagen: Der Mann hat Stil und Niveau.“

Deshalb hätte er auch einmal seine Tochter wegen eines falschen Freundes – er hatte Verbindungen zur Rauschgiftszene – vor die Tür gesetzt. Heute leitet Christina das Herzstück der Weber Management GmbH, die Firma Pole-Position: Sie kümmert sich um die Fanartikel aller Art. Wie viele Millionen Umsatz seine Firma verzeichnet, sagt er, überlasse er lieber seinem Steuerberater.

Weil niemand Prominenz je so gut vermarktet hat wie Willi Weber, lag ein Deal mit anderen Promis nahe. Claudia Schiffer ließ sich von dem schwäbischen Cleverle managen – das ging auf Dauer allerdings nicht ganz gut. Immerhin haben beide jetzt benachbarte Villen auf Mallorca. Und Weber hat sich eine neue Schöne ausgeguckt: Naomi Campbell, die heißblütige Freundin von Benetton-Chef Flavio Briatore.

Kater Kastrieren

Die gute Seite an dem knallharten Manager, die er gerne versteckt, repräsentiert seine Frau. Heidemarie Weber, eine ehrenamtliche Inspektorin des Stuttgarter Tierschutzvereins, ist seit 35 Jahren mit ihm verheiratet. Oft ist sie in Sachen Tierschutz unterwegs, „zum Beispiel, weil sie einen wilden Kater zum Kastrieren bringen muss", murmelt er in den Dreitagebart.

Doch die Chemie stimmt zwischen den beiden – trotz der oberflächlich betrachtet völlig verschiedenen Interessen. „Seit Jahren will ich sie zu einem Mercedes-Cabrio überreden", erzählt Willi, „aber sie beharrt auf ihrem braven alten Golf, Kleider und Schmuck lässt sie sich auch nicht schenken. Wenn ich ihr was Gutes tun will, muss ich ihr ein schönes Grundstück für ihre geretteten Tiere kaufen. Zwei hat sie schon."

1990 konnten Weber (r.) und sein WTS-Team Michael Schumacher feiern: Er war Formel-3-Meister.

Schlitzohr trifft Schlitzohr: Beide Weber-Schützlinge begannen im Formel-1-Team von Eddie Jordan.

Christina Weber leitet den riesigen Fanshop-Versand PPM, den ihr Vater Willi 1995 gründete.

ZWEI WIE PECH

Vertraute Blicke, wie sie im Fahrerlager selten gewechselt werden: Ralf und Michael Schumacher haben gemeinsam ein großes Lebensziel

UND SCHWEFEL

erreicht – die Formel 1.

Ralf Schumacher hat sich in den letzten drei Jahren aus dem Schatten seines Bruders befreit. Niemand nennt ihn mehr „Rolex-Ralf". Der fünf Jahre jüngere Schumi II ist als Mensch und als Fahrer gereift. Er gilt inzwischen als potentieller Weltmeister.

Als sein Bruder 1999 in Silverstone seinen schweren Unfall hatte, bestand Ralf eine Bewährungsprobe. Er hatte das Rennen nach hartem Kampf mit seinem Landsmann Heinz-Harald Frentzen als Dritter beendet. Professionell spulte er das übliche Protokoll ab, das jeder einhalten muss, der auf einem Podestplatz landet: Siegerehrung, TV-Studio, Pressekonferenz.

Auf dem Weg vom Studio zum großen Pressesaal fragte ihn ein Reporter, ob er denn die Gelegenheit gehabt hätte, seinen Bruder vor dem Neustart noch einmal zu sehen. Ralf war bemüht, wenigstens in der Tonart seine Nonchalance zu wahren: „Ich saß zuerst im Auto, dann musste ich noch mal pinkeln gehen, und da Michael ganz offensichtlich nicht auf der Toilette war, konnte ich ihn auch nicht sehen."

Als alle Pflichtfragen beantwortet waren, brach es aus ihm heraus: „Ich will noch mal was zu Eddie Irvine sagen: Der geht mir tierisch auf die Nerven. Das ganze Gejammere, er wäre nur die Nummer Zwei bei Ferrari. Er soll gefälligst seinen Arsch bewegen und Gas geben – verbieten tut ihm das keiner. Fakt ist, dass Michael einfach schneller ist als er. Solang das der Fall ist, soll er seine verdammte Klappe halten."

Dann ging Ralf Schumacher zu seinem Motorhome, zog den durchgeschwitzten Overall aus, seine Zivilklamotten an, und begann zu organisieren. Am Handy sagte er Manager Weber: „Nein, du kommst jetzt nicht. Es reicht, wenn ich bei ihm bin, und Corinna ist auch unterwegs."

ÜBER SICH HINAUS GEWACHSEN

Mit seiner Schwägerin hatte er vorher telefoniert, danach beruhigte er seine Eltern, schließlich fuhr er ins Krankenhaus nach Northampton, um bei seinem Bruder zu sein. Ralf war an diesem Wochenende in jeder Beziehung über sich hinaus gewachsen.

Das ist der „Kleine", der den „Großen" um vier Zentimeter überragt, in den vergangenen Jahren des öfteren. Keine Frage: Als Ralf 1997 bei Eddie Jordans Team seine Formel-1-Karriere begann, gab es nicht nur Applaus. Man konnte genügend Rennfahrer aufzählen, die mit 21 größere Erfolge eingefahren hatten, als Ralf. In der Formel 3 war er 1994 von Jörg Müller und Alexander Wurz geschlagen worden, und im Jahr darauf ziemlich haushoch vom Argentinier Norberto Fontana. 1996 gewann Ralf zwar die Japanische Formel 3000 – aber das taten schon andere, ohne einen Formel-1-Kontrakt zur Belohnung zu bekommen. Kein Zweifel, der Name Schumacher half, und die Connections des Managers Willi Weber. Von nun an aber half nichts mehr – Ralf musste beweisen, dass er es kann.

Schon im dritten Rennen stand er als Dritter auf dem Podest, das hatte sogar der Big Brother nicht geschafft. Und in seinem zweiten Jordan-Jahr, 1998, hatte er den ersten Sieg in Griffweite. In Belgien führten, als sich die Topteams in einer gigantischen Materialschlacht aufgelöst hatten, plötzlich beide Jordans. Ralf hing im Getriebe seines Teamkollegen Damon Hill, versuchte mehrfach den Angriff. Teamchef Eddie Jordan bremste den ungestümen Junior per Funk ein: „Position halten." Der Ire wollte keinen Ausfall riskieren. Ralfs Strahlen auf dem zweiten Podestrang geriet deshalb auffallend verhalten.

Brüderliche Hilfe: Der neue Formel-1-Star Michael unterstützte 1992 den 17-jährigen Ralf vor einem Kartrennen – wie so oft.

Damals waren die Weichen längst gestellt: Weg von Jordan, hin zu Williams, dem langjährigen Topteam und künftigem BMW-Partner. Anfang 1999 nahm Ralf dort den Platz von Heinz-Harald Frentzen ein. Viele hatten Mitleid mit Ralf Schumacher: Er würde in der frostigen Atmosphäre des Williams-Teams untergehen.

Irrtum, die Chemie zwischen Ralf und den Teameignern Frank Williams und Patrick Head stimmt: „Ralf ist so gut wie sein Bruder", sagte Frank Williams beim Vertragsabschluss. „Aber er kostet nur ein Viertel." Was Ralf für Williams bedeutet, zeigte sich in der Team-Bilanz 1999: Ralf fuhr 33 Punkte ein, sein Teamkollege Alessandro Zanardi, immerhin zweifacher IndyCar-Meister: Null. Beim 2000er Partner Jenson Button endete die Saison 24 zu 12 für Ralf. Unverhofft war Ralf mit seinen 25 Jahren in die Rolle des Team-Oldies gerutscht –

In Michaels Weltmeisterjahr startete Ralf voller Power mit dem neuen BMW-Motor. Das Williams-Team, in dem er seit 1999 fährt, zählt zu den erfolgreichsten der Formel-1-Historie. „Der kleine Schumi" wird bis mindestens 2002 die Nummer eins im Team sein.

Neuling Button ist fünf Jahre jünger.

Dabei setzt sich Ralf nicht nur auf der Strecke durch: Mütter und Töchter finden den smarten Jungstar gleich knuddelig und erfrischend. Und weil er zudem auch auf dem schwierigen Terrain der Galadiners mit Vorstandbossen nicht ins Schleudern gerät, ist er für Teamchefs und potentielle Sponsoren gleichermaßen ein Juwel. Mercedes zeigt Interesse an ihm, Jaguar ist nicht abgeneigt, und sogar Ferrari hätte nichts dagegen, den Sitz des großen Bruders gleich an den kleinen weiterzugeben, wenn Michaels Ferrari-Vertrag 2002 ausläuft und Michael sich umorientieren will.

Zufriedener BMW-Fahrer

Willi Weber, der Berater der Schumacher-Brüder, und schon immer ein schwäbisches Schlitzohr, hat es nicht zufällig darauf angelegt, dass im gleichen Jahr auch Ralf Schumachers Vertrag bei BMW ausläuft. „Dieses Interesse an mir ehrt mich natürlich, aber im Moment bin ich BMW-Fahrer und auch sehr zufrieden damit“, verkörpert Ralf Schumacher den perfekten Angestellten, fügt aber sogleich hintergründig lächelnd hinzu: „Für die Zukunft eröffnen sich allerdings neue Perspektiven.“ BMW-Motorsportdirektor Gerhard Berger ist auf keinen Fall gewillt, jemals auf seinen Fahrer verzichten zu wollen: „Ralf ist ein potentieller Weltmeister, ohne Frage.“

Längst ist Ralf, wie sein Bruder, Stammgast in allen populären Fernsehshows. Aber weniger als Michael ist er darauf bedacht, sorgsam Gesichtszüge und Worte zu ordnen, wenn Kameras und Mikrofone in der Nähe sind: „Michael ist eher introvertiert, ich extrovertiert“, sagt Ralf, „ich habe immer gesagt, was ich denke, und das will ich auch in Zukunft so halten.“ Er wirkt spontaner als der Bruder, ist selbstkritischer und bringt vor den Kameras eine ganze Portion mehr Humor rüber.

„Nie im Schatten meines Bruders“

Ralf mag natürlich solche Vergleiche nicht: „Ich hatte nie das Gefühl, im Schatten meines Bruders gestanden zu haben. Das Problem ist nur, wie in jeder Familie übrigens: Wenn ein älterer Bruder mit einer spezifischen Art Riesenerfolg hat, denkt jeder, der kleine Bruder müsste genauso sein. Ich bin aber ein eigener Mensch, der niemanden kopieren will und es auch gar nicht kann.“

Sechseinhalb Jahre Altersdifferenz trennen die beiden – in der Rennszene ist das ein Generationenunterschied. Michael gewann längst bei internationalen Kartmeisterschaften, als Ralf sich noch mürrisch und pubertierend auf der heimischen Kartbahn gegen gleichaltrige Kinder zur Wehr setzte. Wie es bei kleinen Brüdern so ist: Einerseits sind sie dankbar für die Hilfe beim Schrauben und für Lektionen, andererseits gibt's auch mal einen Tritt vors Schienbein.

Als Ralf 1992 auf dem Norisring sein erstes Autorennen fuhr, zog sich Formel-1-Fahrer Michael Schumacher eine Perücke über den Schopf und beobachtete den Bruder. „Ich merkte, wie nervös Ralf war. Er war eben der kleine Bruder vom Formel-1-Schumacher und jeder wollte sehen, was er so bringt.“

Der erfolgreiche Bruder wurde zur Belastung für Ralf. Als er 1995 die Formel 3 „nur“ mit dem Vizetitel beendete, wollte F1-Weltmeister Michael ihm einen DTM-Vertrag vermitteln. Pustekuchen: „Wenn man versucht, ihn in persönlichen Dingen zu beraten, hat man

1998 geriet Ralf mit der „Boxenluder-Affäre" in die Presse.

Touch unter Brüdern: Beim Spanien-GP 2000 blieb Michael auf Kampf

keine Chance bei ihm: Da blockt er ab."

Ralf entschied sich für eine Saison im fernen Japan und wurde auf Anhieb Meister. „Die Zeit hat mir auch in anderer Beziehung gut getan", weiß er heute. „Ich war weitgehend auf mich gestellt, musste einen eigenen Haushalt führen und mich in einem Land zurechtfinden, dessen Sprache und Schrift ich nicht verstand."

Natürlich ist Michael lange das Vorbild des „kleinen Bruders" geblieben. Das sei ja auch ganz normal, findet der Weltmeister: „Ich hatte doch auch meine Idole. Ich kann mich erinnern, dass ich am Anfang meiner Formel-1-Karriere in die Benetton-Halle gekommen bin und die Poster von Nelson Piquet und Sandro Nannini sah. Das motivierte mich, und ich sagte mir damals, da soll mein Bild auch mal hängen."

Ein Herz und eine Seele sind die Kerpener Brüder unverändert – nur auf der Rennstrecke gibt's keinen Verwandtschaftsbonus mehr. 1997 reihte sich Ralf beim Ungarn-GP noch brav hinter seinem Bruder ein. „Er fährt um die Weltmeisterschaft und braucht jeden Punkt", verteidigte er sich gegenüber seinem wütenden Teamchef Eddie Jordan, der auch keine Punkte zu verschenken hatte. Drei Rennen später kam es am Nürburgring zum Familien-GAU. Ralf nutzte den Wagen von Teamkollege Fisichella als Startrampe und landete punktgenau auf dem Ferrari seines Bruders. Der war damit seine WM-Führung los, gab sich aber milde: „Ein normaler Rennunfall. Ralf hat höchstens zehn Prozent Schuld."

Bruderduell in Spanien

Inzwischen hat sich was geändert, wie man beim Großen Preis von Spanien 2000 sehen konnte. In der 52. Runde gerieten die beiden so richtig aneinander. Michael hatte Probleme mit dem Ferrari, nun lief der kleine Bruder auf ihn auf. Voller Ambitionen und einen Podiumsplatz vor Augen. Doch der große Bruder war nicht gewillt, seine Position kampflos aufzugeben. Es kam zum harten Kurvenfight, die beiden Autos drohten sich zu berühren, und der lachende Dritte war Rubens Barrichello, der an beiden vorbeischlüpfen konnte. Ralf Schumacher verlor den schon sicher geglaubten dritten Platz und hielt sich nach dem Rennen nur mühsam im Zaum.

Willi Weber, der Manager der beiden, erinnerte daran, dass es ein Rennen zuvor in Silverstone eine ähnliche Situation gab. Da hatte Michael zurückgesteckt. Weber: „Michael würde

musste stocksauer zurückstecken.

Auf der Erfolgsstraße mit Williams: BMW-Rennleiter Gerhard Berger und sein deutscher Top-Fahrer.

immer nachgeben, weil er Verantwortung gegenüber seinem Bruder spürt. Und das weiß Ralf auch."

Diesmal, so erschien es, wollte der große Bruder ein Zeichen setzen: „Ich hätte an allem mehr Interesse, als meinen Bruder in der Wand zu sehen." Eine Stunde nach dem Rennen zogen sich die Brüder in ein neutrales Motorhome zurück. Man geigte sich heftig die Meinung. Michael versuchte seinem Bruder klar zu machen, dass alles nur zu Ralfs Bestem geschehe: Damit Ralf sich im Zweikampf mit dem Bruder nicht Dinge angewöhnt, die bei anderen Fahrern schlecht ausgehen könnten.

Die tagelange Diskussion der Medien über das gestörte Verhältnis der Schumi-Brüder amüsierte beide. „Privat", sagt Ralf, „sprechen wir nicht groß über Vorkommnisse auf der Rennstrecke." Die freien Stunden, die sie gemeinsam verbringen, sind ihnen dazu zu wertvoll. Viele sind es ohnehin nicht bei dem anstrengenden Pflichtprogramm. Zudem sind ihre Interessen so verschieden wie ihre Charaktere. Michael ist fest mit Corinna zusammen, seit er 21 ist. Er findet Halt und Kraft in der Familie. Ralf ist eine solche Art der Bindung fremd. Wütend reagiert er sogar, wenn Boulevardzeitungen ihm ein Techtelmechtel mit einem „Boxenluder" anhängen: „Mein Privatleben ist Privatsache!"

Wäre es vorstellbar für die Schumi-Brüder, einmal im selben Team zu fahren? Michael: „Niemals, das würde für beide keinen Sinn machen. In verschiedenen Teams, mit etwa gleichwertigem Material – dagegen wäre nichts zu sagen. Wir würden viel Spaß haben."

Ralf Schumacher in Zahlen und Fakten

Geboren am 30. Juni 1975 in Hürth-Hermühlheim
Wohnsitz: Monte Carlo
Größe: 178 cm, Gewicht: 73 kg
Familienstand (2000): ledig
Hobbies: Kart, Skat, Tennis, Radfahren
Einkommen (2000): 12 Millionen DM

Karriere

1978-91	Kart
1992	Deutscher Meister Kart
1993	Formel Junior, 2. Rang (Meister: Ralf Kalaschek), Testfahrten Formel 3, Vertrag mit Willi Webers WTS-Team
1994	Formel 3, 1 Sieg, 3. Rang (hinter Jörg Müller, Alexander Wurz)
1995	Formel 3, 2 Siege, 2. Rang (Meister: Norberto Fontana) Sieger beim GP Macau, 2. Platz in Monaco
1996	Japanische Formel 3000 (Formel Nippon) 3 Siege, Meister. In jap. GT-Serie Zweiter auf McLaren-BMW

Formel 1

		Punkte	Rang
1997	**Jordan-Peugeot**	**13**	**12**
	Teamkollege G. Fisichella	20	9
1998	**Jordan-Mugen-Honda**	**14**	**10**
	Teamkollege D. Hill	20	6
1999	**Williams-Supertec**	**35**	**6**
	Teamkollege A. Zanardi	0	–
2000	**Williams-BMW**	**24**	**5**
	Teamkollege J. Button	12	8

Glückstrahlende Ferrari-Crew: Drei Jahre hintereinander hatte man den Weltmeistertitel zum Greifen nah – und verlor ihn jedes Mal im letzten Rennen. Das Jahr 2000 begann mit einem triumphalen Doppelsieg, der Hoffnung und Mut machte.

DIE ROTE ARMEE

MICHAELS TOP-MANNSCHAFT

Formel-1-Sport ist Teamsport. Rennen werden heute an der Box entschieden und in den Konstrukteurbüros. Michael dankt nach jedem Renntag seinem Team. 530 Männer und 20 Frauen arbeiten für Michaels Triumph im Hintergrund. Dabei spielen fünf Männer eine Schlüsselrolle.

LUCA DI MONTEZEMOLO
PRÄSIDENT

Er hat alle Attribute für eine Soap-Opera: Immer sonnengebräunt, immer überdreht, immer theatralisch – eine der schillerndsten Figuren in der Formel 1. Luca di Montezemolo gilt als begnadeter Rhetoriker, der druckreife Ausführungen mit eleganten Bewegungen untermalt. Seit 1991, drei Jahre nach dem Tod des

Commendatore, leitet er als Präsident die Gesamtfirma Ferrari, wobei die Rennabteilung ihm besonders am Herzen liegt. Kein Wunder, hier hat der junge Rechtsanwalt von 1973 bis 77 als Manager begonnen und binnen kürzester Zeit zwei Weltmeisterschaften mit Niki Lauda gewonnen. Er ging mit Lauda, übernahm die PR-Abteilung des Fiat-Konzerns, leitete Zeitungsverlage und organisierte die Fußball-WM 1990 in Italien. Bei seiner Rückkehr versprach er den nächsten Titel innerhalb von zwei Jahren. Er feuerte den aufmüpfigen Alain Prost, holte Jean Todt als Teamchef, setzte auf Gerhard Berger und Jean Alesi, verpflichtete für die Saison 1996 auf die Initiative von Niki Lauda den Deutschen Michael Schumacher. Neun Jahre nach seinem Amtsantritt konnte er endlich Vollzug melden. Es wurde höchste Zeit – Fiat und Hauptsponsor Marlboro wären sonst zu einem Königsopfer bereit gewesen. Als Schumacher nach seinem Beinbruch 1999 die Saison komplett zu Hause verbringen wollte, verlangte Montezemolo kategorisch den Einsatz des Deutschen, um Eddie Irvine beim Titelkampf zu unterstützen. Bei der Gelegenheit kam es zu harten Gesprächen mit Manager Willi Weber, der zeitweise sogar Zutrittsverbot für die Ferrari-Box erhielt.

Am 8. Oktober 2000 nahm Montezemolo seine Sonnenbrille noch weniger ab, als sonst. Man hätte sonst seine rotgeheulten Augen gesehen.

JEAN TODT
TEAMCHEF

Jean Todt hat von allen Teamchefs am nächsten am Wasser gebaut. Er weint vor Freude, wenn sein Michael gewinnt, er weint aus Ärger,

wenn er verliert. So kühl und unnahbar der Franzose bei Interviews wirkt, so bedingungslos zeigt er seine Emotionen, wenn nach einem Rennen alle Masken der Selbstbeherrschung abgelegt werden. Es hat auch mit dem Druck zu tun, der bei Ferrari auf ihm lastet wie ein Gebirge. Todt, Jahrgang 1946, ist seit 1993 Teamdirektor bei den Italienern. Vorher regierte er wie ein kleiner Napoleon bei Peugeot und gewann alles, was er sich vorgenommen hatte. Die Rallye-Weltmeisterschaft genauso wie die Sportwagen-WM und Le Mans. Todt war überglücklich, als Michael Schumacher Ende 1995 zu Ferrari kam. „Michael ist ein großer Mensch, nicht nur als Sportler einzigartig, er ist mein Freund“, sagt Todt, „und als Fahrer nicht zu ersetzen.“ Die Lobeshymnen kommen nicht von ungefähr: Mehrmals hat sich Schumacher intern und öffentlich hinter seinen Teamdirektor gestellt, wenn ihn die italienischen Medien mal wieder kritisiert haben und sein Kopf gefordert wurde. Der ständige Druck und die internen Machtkämpfe haben an den Nerven des 54-Jährigen gezerrt. Er überlegt sich deshalb, ob er seinen Vertrag, der 2001 ausläuft, verlängern soll oder nicht lieber als freier Berater weitermacht.

ROSS BRAWN
TECHNISCHER DIREKTOR

Eine kleine Story vorneweg: Eines Tages kam ein Informatiker zum Ferrari-Chefstrategen. Tag und Nacht hatte der über Wochen hinweg ein Programm erarbeitet, das in

Sekundenschnelle Rennsituationen berechnete: Tankinhalte, Reifenverschleiss, Zeitverlust durch in Kürze zu überrundende Fahrer, usw. Gleichzeitig gab es den ultimativen Zeitpunkt des Boxenstopps und die beste Rennstrategie vor. Brawn, der ehemalige Atomforscher, hörte sich interessiert den Vortrag an, und stellte dann ganz sachlich fest: „Aber dafür brauche ich doch kein Computerprogramm. Das sehe ich doch alles selbst." Es stimmt: Brawn gilt als Primus in dieser Branche, „der in punkto Rennstrategie und Erkennen von Situationen mit der entsprechenden Umsetzung meilenweit über allen anderen steht", wie Niki Lauda es formuliert. Der 46-jährige Engländer ist der wichtigste General in Schumachers „Armee". Schon zu Benetton-Zeiten entnervten Brawn und Schumacher die Gegner mit perfekt getrimmter Rennstrategie. So hat es keinen verwundert, dass Michael ihn Ende 1996 von Benetton zu Ferrari lockte. „Michael Schumacher ist einzigartig", sagt Brawn, „er erkennt Situationen blitzschnell, sei es, ob sich am Fahrverhalten des Autos etwas ändert, sei es, wie viel Verkehr auf der Strecke auf ihn zukommen wird. Er ist auch noch in hektischsten Rennsituationen fähig, klar und deutlich über Funk zu formulieren, was gerade Sache ist. Grundsätzlich gilt: Ich sage alles, was der Fahrer selbst nicht sehen kann. Zum Beispiel, dass seine Gegner Schwierigkeiten haben."

RORY BYRNE
CHEFDESIGNER

Michael holte ihn Ende 1996 aus dem Ruhestand von einem thailändischen Palmenstrand nach Maranello – nachdem er im ersten Jahr frustriert feststellen musste, dass Aerodynamik

für Ferrari bis dato eine unbekannte Wissenschaft war. Der Ire, der schon Schumachers Weltmeisterautos von 1994 und 1995 bei Benetton gezeichnet hatte, machte auf Anhieb einen guten Job. Gegen Ende des Jahres 1997 war der Ferrari hinter dem Williams das zweitbeste Auto im Feld. Doch trotz eines neuen 50-Millionen-Dollar-Windkanals, den ihm Ferrari in Maranello hingestellt hatte, kam Byrne nie aus dem Windschatten des Genies Adrian Newey heraus, der von Williams mittlerweile zu McLaren gewechselt war. Schumacher musste immer wieder die Unterlegenheit seines roten Renners mit überhöhtem Einsatz wettmachen. Er kam zu der bitteren Erkenntnis, dass der Mensch noch so gut sein konnte – am Ende war er doch der Maschine unterlegen, die in seinem Fall silber lackiert war und McLaren-Mercedes hieß. Erst im ersten Jahr des neuen Jahrtausends war der Ferrari soweit, dass er mit dem McLaren-Mercedes einigermaßen mithalten konnte. Ende 2001 wird Rory Byrne endgültig in Pension gehen und zu seinem Palmenstrand zurückkehren. Er ist dann 57 – und will sich um seinen kleinen Sohn kümmern, der im WM-Jahr 2000 geboren wurde.

BALDIR SINGH
PHYSIOTHERAPEUT

Baldir gilt nicht etwa als Exot in der Formel-1-Szene, weil er aus Indien stammt und im Westerwald wohnt. Nein, er sticht aus der Menge von arroganten Selbstdarstellern heraus, die das Bild der Fahrerlager rund um die Welt prägen, weil er stets das weise Lächeln eines Gurus auf den Lippen trägt und immer freundlich ist. Für ihn ist Bescheidenheit noch eine Tugend und er hält sich am liebsten im Hintergrund auf. Das war auch einer der Gründe, warum sich Michael Schumacher für Baldir entschied, als es Ende 1995 darum ging, seinen damaligen Fitnesstherapeuten Harry Hawelka zu ersetzen. Hawelka, der allzu sehr aus Michaels Popularität Kapital schlagen wollte, war nicht mehr tragbar.

Baldirs Alter weiß niemand – auch er selbst nicht: „Geburtsdatum und Alter sind nicht so wichtig bei uns in Indien. Ich bin ungefähr Mitte Dreißig, kam vor 13 Jahren nach Deutschland. Vier Jahre später entschied ich mich, hier zu bleiben." Seinen Job beschreibt er kurz und prägnant: „Körper, Seele und Geist gehören zusam-

men. Ich gebe mein Bestes, um Michael in diesem Bereich optimal vorzubereiten." In der Praxis sieht das so aus, dass Baldir rund um die Uhr für Michael auf den Beinen ist. Er massiert ihn, kauft für ihn ein, nicht nur das speziell ausgetüftelte Essen – auch mal ein Geschenk für Gina-Maria ist dabei oder Fussballschuhe, weil es den Meister plötzlich in den Füssen juckt. Er behandelt kleinere Blessuren, auch die unsichtbaren, die in der Seele begraben liegen. Aber trotz des Stresses ist Baldir immer happy: „Wenn man Michaels starken Willen, seine Position im Team und seinen Reichtum bedenkt, dann fällt bei ihm zuerst auf, dass er kein bisschen hochnäsig ist und sehr menschlich auftritt."

DIE RIVALEN

Seit zehn Jahren fährt Michael Schumacher in der Formel 1. Er hat sich mit fast fünfzig Rennfahrern gemessen. Vier Männer wurden in diesen Jahren seine Hauptrivalen, drei besiegten ihn beim Kampf um die Weltmeisterschaften 1996-1999.

MIKA HÄKKINEN

Weltmeister 1998 und 99 auf McLaren-Mercedes

Der Finne begegnete Schumacher das erste Mal in Hockenheim 1990. Michael fuhr während des GP-Wochenendes ein Formel-3-Rennen, Häkkinen war als Spitzenfahrer der englischen Meisterschaft als Gastfahrer eingeladen. Dass der Finne das Rennen gewann, ärgert Schumacher noch heute.
Die Revanche folgte drei Monate später in der portugiesischen Provinz Macao. Häkkinen, der den ersten von zwei Läufen gewonnen hatte, hätte nur knapp hinter Schumacher bleiben müssen, um den Gesamtsieg zu erringen. Doch er wollte unbedingt an dem Deutschen vorbei und es kam zur Kollision: Der Finne war draußen, Schumacher fuhr weiter und gewann.
In der Formel 1 ist Häkkinen seit 1998 der Hauptrivale Schumachers. Die beiden sind keine Freunde geworden, aber sie behandeln sich mit großem Respekt und es kam bisher nie zu einer Kollision oder bösen Worten. Im Gegenteil: „Ich bin nie gegen Mika im gleichen Auto gefahren, so ist die Diskussion, wer der Bessere ist, sinnlos. Ich weiß aber, dass es Strecken gibt, auf denen ich mit dem gleichen Auto nicht schneller fahren kann als Häkkinen."

AYRTON SENNA

Weltmeister 1988, 9

„Ich will eines Tages Ayrton Senna schlagen," sagte Schumacher 1990 in einer sternkla ren belgischen Nacht mit einem Glas Rotwein in der Hand. Heinz-Harald Frentzen, mit dem er damals gemeinsam zu dem Landhaus eines Freundes in die Ardennen gefahren war, nickte nur stumm. Es dauerte nicht lange, da gerieten Senna und Schumacher schon aneinander. Bei Testfahrten in Hockenheim wollte Senna den jungen Deutschen sogar verprügeln, weil der ihn angeblich bei der Boxeneinfahrt blockiert hatte. In Magny-Cours nahm er ihn sich auf der Startaufstellung zum zweiten Start nochmals zur Brust und redete auf ihn vor den Augen der gesamten Fahrerschaft ein wie der Lehrer auf den Grundschüler (Foto).
Michael leidet bis heute darunter, dass er sich nie auf gleichwertigem Material mit

auf McLaren-Honda

dem Brasilianer messen konnte. Als der Deutsche in die Formel 1 kam, hatte Senna bereits drei Weltmeistertitel. In der ersten gemeinsamen Saison, 1992, schlug Michael das Vorbild knapp nach Punkten, in der nächsten war Senna vorn. Aber in beiden Jahren verfälschten Probleme mit den Motorenpartnern das Bild. Gegen die damals überlegenen Williams mit Alain Prost und Nigel Mansell war ohnehin nicht anzukommen. 1994 bahnte sich der große Zweikampf auf der Strecke endlich an, doch Sennas Tod beendete den Kampf, bevor er richtig beginnen konnte.

1995 fuhr Schumacher alleine zu Sennas Grab in São Paulo und verweilte eine längere Zeit nachdenklich davor. Die schlichte Metallplatte mit Sennas Namen war immer noch mit frischen Blumen bedeckt.

DAMON HILL

Weltmeister 1996 auf Williams-Renault

So gut die beiden Erzrivalen auch in der Fahrergewerkschaft GPDA zusammenarbeiteten, wenn es um die Sicherheit der Fahrer ging: Freunde wurden Damon Hill und Schumacher nie. Der Engländer hat Schumacher nie die Kollision im legendären WM-Finale in Adelaide 1994 verziehen, durch die Hill den Titel verlor. Hill war auch der einzige, der Schumacher beim Saisonfinale in Suzuka 1998, als er von hinten starten musste, auf seinem Weg nach vorne mit aller Macht blockiert hat. „Damon ist eigentlich ein netter und intelligenter Kerl", sagt Michael Schumacher, „aber er ist sehr stimmungsabhängig und unberechenbar. Manchmal redet er mit dir ganz normal, dann übersieht er dich wieder."

JACQUES VILLENEUVE

Weltmeister 1997 auf Williams-Renault

Sein Markenzeichen: Oft gefärbte Haare, Schlabber-Look, unendliche Coolness. Sein Erfolg: Ob blond oder braun – den Jacques lieben (fast) alle Frauen. Jedenfalls die unter 25. Spätestens seit seinem Auftritt in Jerez 1997, als er Michael Schumacher zuerst bluffte und dann überholte, ist er der neue Liebling der Twens. Der Sohn des ehemaligen Ferrari-Stars Gilles Villeneuve passt so gar nicht ins Bild des etablierten Formel-1-Establishments. Er fällt gerne aus der Rolle, provoziert, sucht auch nicht den leichtesten Weg: Siegerteams locken ihn, aber er bleibt aus Freundschaft seinem BAR-Teamchef verbunden. Seine direkte Art, immer das zu sagen, was er denkt, brachte ihm schon einigen Ärger mit der Obersten Motorsportbehörde ein. Villeneuve dazu: „Ich will morgens im Spiegel einen Typen sehen, dem ich noch vertrauen kann. Das ist mir wichtiger als die ganze Unehrlichkeit, mit der wir viel zu oft konfrontiert werden." Jacques gilt als einer der drei besten Fahrer in der Formel 1, auch wenn er die letzten Jahre kein Winner-Auto mehr hatte. Schumacher hat Respekt vor dem Kanadier, nimmt seine Sprüche aber nicht ganz ernst: „Der macht Riesenaussagen, kriegt dafür Komplimente, und bekommt für die gleichen Aussagen später einen auf den Deckel. Charakter scheint man doch heutzutage nur zu haben, wenn man aus der Rolle fällt, positiv oder negativ. Das ist nicht mein Stil."

REKORDKNACKER

Wer sagt denn, dass Michael Schumacher keine Ziele mehr hat?

Die meisten Siege

Seit vielen Jahren ist es ein Kopf-an-Kopf-Rennen zwischen Ferrari und McLaren. Seit Michael bei Ferrari ist, liegt die Scuderia vorne.

1.	**Ferrari**	**135**
2.	McLaren	130
3.	Williams	103
4.	Lotus	79
5.	Brabham	35
6.	Benetton	27
7.	Tyrrell	23
8.	BRM	17
9.	Cooper	16
	Mercedes	16
11.	Renault	15
12.	Alfa Romeo	10
13.	Ligier	9
	Maserati	9
	Matra	9
	Vanwall	9

Die meisten Pole-Positions

2000 hat Michael neun Mal die Pole-Position errungen. Er sprang von Rang 8 auf Rang 4. 2001 wird er Alain Prost und Jim Clark überflügeln. Dann bleibt nur noch Ayrton Senna.

1.	Ayrton Senna (BR)	65
2.	Jim Clark (GB)	33
	Alain Prost (F)	33
4.	**Michael Schumacher (D)**	**32**
	Nigel Mansell (GB)	32
6.	Juan Manuel Fangio (ARG)	28
7.	Mika Häkkinen (FIN)	26
8.	Niki Lauda (A)	24
	Nelson Piquet (BR)	24
10.	Damon Hill (GB)	20
11.	Mario Andretti (USA)	18
	René Arnoux (F)	18
13.	Jackie Stewart (GB)	17
14.	Stirling Moss (GB)	16
15.	Alberto Ascari (I)	14
	James Hunt (GB)	14
	Ronnie Peterson (S)	14

Die meisten Grand-Prix-Siege

Ayrton Sennas Zahl der Siege hat Michael in diesem Jahr überboten. Jetzt fehlen ihm noch acht Siege zum Spitzenplatz.

1.	Alain Prost (F)	51
2.	**Michael Schumacher (D)**	**44**
3.	Ayrton Senna (BR)	41
4.	Nigel Mansell (GB)	31
5.	Jackie Stewart (GB)	27
6.	Jim Clark (GB)	25
	Niki Lauda (A)	25
8.	Juan Manuel Fangio (ARG)	24
9.	Nelson Piquet (BR)	23
10.	Damon Hill (GB)	22
11.	Mika Häkkinen (FIN)	18
12.	Stirling Moss (GB)	16
13.	Jack Brabham (AUS)	14
	Emerson Fittipaldi (BR)	14
	Graham Hill (GB)	14
16.	Alberto Ascari (I)	13

Die meisten Punkte

Auch bei der Gesamtpunktzahl hat Michael sich auf den zweiten Rang vor Ayrton Senna geschoben. Frühestens in zwei Jahren knackbar: Der erste Platz von Alain Prost.

1.	Alain Prost (F)	798,5
2.	**Michael Schumacher (D)**	**678**
3.	Ayrton Senna (BR)	614
4.	Nelson Piquet (BR)	485,5
5.	Nigel Mansell (GB)	482
6.	Niki Lauda (A)	420,5
7.	Gerhard Berger (A)	385
8.	Mika Häkkinen (FIN)	383
9.	Damon Hill (GB)	360
	Jackie Stewart (GB)	360
11.	Carlos Reutemann (ARG)	310
12.	Graham Hill (GB)	289
13.	Emerson Fittipaldi (BR)	281
	Riccardo Patrese (I)	281
15.	J. Manuel Fangio (ARG)	277,5
16.	Jim Clark (GB)	274
17.	Jack Brabham (AUS)	261

Konstrukteurs-Weltmeister

Mit dem zehnten Konstrukteurstitel brachte Michael die Scuderia ganz nach oben.

10 Titel
Ferrari: 1961, 64, 75, 76, 77, 79, 82, 83, 99, 2000
9 Titel
Williams: 1980, 81, 86, 87, 92, 93, 94, 96, 97
8 Titel
McLaren: 1974, 84, 85, 88, 89, 90, 91, 98

Die meisten Weltmeistertitel

Zwei Fahrer haben mehr Weltmeistertitel als Michael. Sechs haben die gleiche Zahl.

5 Titel
Juan Manuel Fangio (ARG): 1951, 54, 55, 56, 57
4 Titel
Alain Prost (F): 1985, 86, 89, 93
3 Titel
Michael Schumacher (D): 1994, 95, 2000
Ayrton Senna (BR): 1988, 90, 91
Nelson Piquet (BR): 1981, 83, 87
Niki Lauda (A): 1975, 77, 84
Jackie Stewart (GB): 1969, 71, 73
Jack Brabham (AUS): 1959, 60, 66

Siege der Motoren

1.	Ford-Cosworth	175
2.	**Ferrari**	**135**
3.	Renault	95
4.	Honda	71
5.	Climax	40
6.	Mercedes	35
7.	Porsche	26
8.	BRM	18
9.	Alfa Romeo	12
10.	Maserati	11

MIT DEM KART ZU DEN STERNEN

Michael Schumacher, 17, in voller Fahrt. Nachdem er 1984 und 85 die Kart-Juniorenmeisterschaft gewonnen hatte, wurde er 1986 in der „Seniorenklasse" Dritter. Das konnte den Kfz-Lehrling nicht befriedigen: Ein Jahr später war er Kartmeister und hatte einen Vertrag für die Formel König in der Tasche.

Mit vier waren Laternen seine größten Gegner. Mit sechs hatte er den ersten Pokal. Mit 20 trug er als Berufsrennfahrer den Mercedes-Stern am Overall. Eine Traumkarriere? Natürlich, aber vor allem das Resultat von Ehrgeiz, Besessenheit, Mut – und Glück.

Alles begann an einem Laternenpfahl auf einem Parkplatz in der Nähe von Kerpen. Vor dem Laternenpfahl stand ein ramponiertes Tretkart mit Minimotor, auf dem Kart saß ein knapp vierjähriger Knirps mit einem schlechten Gewissen. Neben dem Knirps schimpfte ein wütender Vater darüber, dass Sohnemann trotz aller Ermahnungen die kommunalen Beleuchtungsanlagen plättete.

Ob es den angekratzten Laternenpfahl heute noch gibt, bedarf der Recherche. Das Hilfskart auf jeden Fall ist fester Bestandteil der Motorsportgeschichte. Der ehedem wütende Vater ist in die Kategorie stolzer Vater aufgerückt und der damals Vierjährige ist heute im Begriff, zum größten Rennfahrer aller Zeiten zu mutieren.

Ein gutes Vierteljahrhundert liegt zwischen dem angefahrenen Laternenmast und dem Jahr 2000. Und eine Reihe weiser Entscheidungen. Am Anfang dieser Reihe stand damals, im Frühjahr 1973, Vater Rolf mit der sicheren Erkenntnis, dass es so nicht weitergehen kann: „Ich habe dem Michael immer gesagt, er soll vorsichtig mit dem selbstgebauten Go-Kart fahren. Und dann passierte das mit der Laterne. Der Aufprall war so heftig, dass das Glas runterfiel. Ich habe geschimpft wie ein Rohrspatz. Michael fuhr nach Hause, ohne ein Wort zu sagen."

Vater Rolf wollte seinen Sohn unbedingt von der gefährlichen Straße kriegen: „Da traf es sich gut, dass ganz in unserer Nähe, in Horrem, der Kart-Club Graf Berghe von Trips seine Bahn hatte. Wir sind mal hingefahren, und Michael hatte endlich die Möglichkeit, sich unter kontrollierbaren Verhältnissen auszutoben. Durch diese ersten Besuche kamen wir mit der Szene in Berührung. Und erst im Kontakt mit der Kartszene merkten wir, mit welch einem Haufen Schrott der Michael unterwegs war. Dabei waren wir mächtig stolz auf das selbstgebaute Gefährt."

Doch Schrott kann auch schulen. Zumindest dann, wenn sich ein überdurchschnittliches Talent mit einem überdurchschnittlichen Willen und überdurchschnittlicher Disziplin damit auseinandersetzt.

Michael fuhr und fuhr und fuhr. Und immer am liebsten im Regen: „Da war ich meistens allein auf der Strecke, da fiel die Unterlegenheit meines Gefährts nicht so auf. Ganz davon zu schweigen, dass mir das Schleudern und Driften im

Glücksritter 1977: Die künftigen Formel-1-Piloten Michael und Ralf.

Der achtjährige Michael hatte wieder eine Clubmeisterschaft gewon

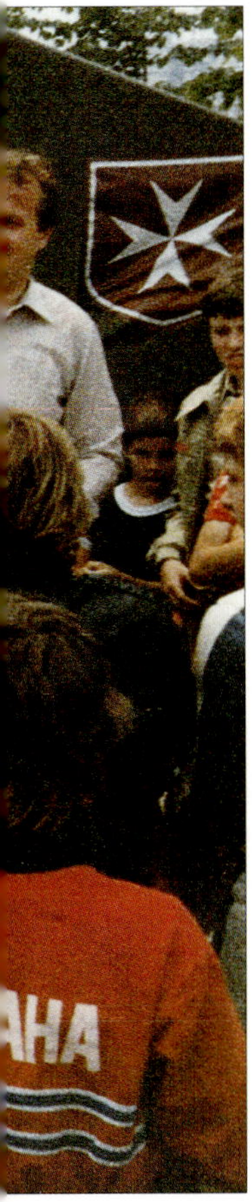

Michael – klein, aber schnell

sz. Horrem. Der wahrscheinlich jüngste Kart-Fahrer der Bundesrepublik wohnt in Niederaußem. Er heißt Michael Schumacher und ist vier Jahre alt. Der kleine Flitzer gehört zusammen mit seinem Vater seit etwa vier Wochen dem Kart-Club „Rennsportfreunde Graf Berghe von Trips" an. Auch an diesem Wochenende drehte Michael auf der Horremer Kart-Bahn wieder seine Runden. Die Spitzengeschwindigkeit des „selbstgezimmerten" Untersatzes beträgt immerhin 45 Stundenkilometer. Das Fahrzeug wurde aus einem Kett-Car und dem Motor eines Mofas zusammengebaut. Eine Büchse dient als Tank. Gerhard Gollnast (links im Bild) freut sich über das jüngste Mitglied seines rund 80 Mann starken Vereins, dem allein etwa 50 aktive Kart-Fahrer angehören.

Erstmals tauchte Michael 1973 in der Presse auf. Rolf Schumacher (2.v.r.) blickt stolz auf den Weltmeister in spe.

Regen ganz besonders viel Spaß machte."

Alles lief jetzt in die richtige Richtung – wie bei einem gut eingestellten Dieselmotor bewirkte eine Selbstzündung die nächste. Vater und Sohn Schumacher hatten Spaß an der Sache. Das selbstgebaute Gefährt wurde schnell gegen ein gebraucht gekauftes Kart eingetauscht. Aus den ersten Schleuderversuchen wurden ebenso schnell erste Rennen. Und aus den ersten Rennen resultierte dann im zarten Alter von sechs Jahren die erste Clubmeisterschaft. Aus dieser Meisterschaft entstand wiederum eine engere Bindung an den Club. Der war mittlerweile von Kerpen-Horrem nach Kerpen-Manheim umgezogen und suchte einen Bahnwart. Jemanden, der auf eigene Rechnung den Leihkartbetrieb schmiß. Ein Zusatzjob, den der Kaminmaurer Schumacher gut gebrauchen konnte. Genauso gut wie den neuen Nebenverdienst seiner Frau, die auf dem Kartgelände einen Imbissstand aufzog.

Familie Schumacher siedelte auf das Bahngelände in Kerpen-Manheim um. Die Eltern hatten Michael im Blickfeld – und Säugling Ralf sog die Rennatmosphäre quasi mit der Muttermilch auf. Finanziell war die kleine Familie nicht unbedingt auf Rosen gebettet.

Rasch lernte Klein-Michael die Eckdaten einer Leistungsgesellschaft kennen: „Ich hatte drei Hosen. Als ich eine vierte haben wollte, sagte mein Vater, dass ich mir das Geld dazu selber verdienen müsse."

Ehren-Urkunde

Clubmeisterschaft 1980

1. Sieger

Klasse J · DAP/DAP

Michael Schumacher

DAP-Deutschland

Kart-Racing-Development · K. Großmann

Langerwehe, den 8. November 1980

Eine der vielen Urkunden aus Michaels Kinderzimmer in Kerpen.

Klar, dass auch in den Kartsport nur mit gebremstem Schaum investiert werden konnte. Michael hatte weit und breit das schlechteste Material. Die aus den Mülltonnen „recycelten" Rennreifen – achtlos weggeworfen von Söhnen reicher Eltern – sind mittlerweile fester Bestandteil des Michael-Schumacher-Mythos geworden.

1980 DAS ERSTE RENNKART

Dass Michael in den siebziger Jahren immer nur mit Kart-Ruinen unterwegs war, hatte auch seine Vorteile. Weil er trotzdem schneller fuhr, als die anderen, fiel er auf. Es wurden mehr und mehr Leute auf ihn aufmerksam, die ihm helfen wollten.

Der Karthändler Gerhard Noack war so ein früher Förderer. Er schenkte Michael 1980 das erste „richtige" Rennkart. Mit dem gewann Michael ein Rennen nach dem anderen. Michaels regionaler Ruhm wuchs, und auch der Umsatz von Noack. Dessen frischgegründeter Karthandel konnte die Siege gut in Werbemaßnahmen umsetzen.

Ein anderer Förderer – vielleicht *der* Förderer überhaupt – war der Aachener Automatenaufsteller Jürgen Dilk. Er wurde von Michael als Ersatzvater akzeptiert. Damals kümmerte er sich um den Knirps, als sei es sein eigener Sohn. Dilk weigert sich noch heute, als „Sponsor" tituliert zu werden: „Dazu fehlte mir doch selber das Geld." Aber er tat seinerzeit alles, um irgendwie die Mittel für Michaels Karriere zusammenzukratzen.

Michael dankte es mit totaler Hingabe an die Sache. Dilk, selbst Vater eines Sohnes, erzählt es immer wieder gerne: „Wenn ich Michael sagte, dass ich ihn Samstagmorgen um sechs Uhr abholen würde, dann stand Michael um Viertel vor sechs mit seiner gesamten Ausrüstung fein säuberlich aufgebaut vor dem Haus. Er wollte vermeiden, dass ich eine Minute auf ihn warten musste. Das war seine Art, danke zu sagen."

Es musste wirklich ganz speziell was mit dem Kartsport zu tun haben. Denn ansonsten waren Jung-Michael alle streberhaften Allüren fremd. Seine Klassenlehrerin von der Otto-Hahn-Realschule in Kerpen weiß nur zu genau um den überschaubaren Leistungswillen des Schülers Schumacher: „Der war clever genug, um mit dem geringsten Einsatz über die Runden zu kommen. Michael war in erster Linie anwesend. Mehr nicht."

Wobei auch das nur bedingt galt. Mitschüler Arnd erinnert sich mit einem leichten Anflug von Neid: „Freitags ging er etwas früher, dafür kam er montags etwas später." Kumpel Andreas kennt den Grund: „Michael hatte sowieso nur Karts im Kopf." Und am Wochenende standen die Rennen an.

Die Leistungsbilanz gab Michael recht: 1984 wurde er Deutscher Kart-Juniorenmeister. Den Erfolg konnte

Der erste rote Overall: Nach dem Gewinn der Deutschen Kartmeisterschaft posierte Michael (18) fürs Vereinsblatt und eine Autogrammkarte.

FRÜHE KARRIEREBEGLEITER

Gerhard Noack

Er war ursprünglich Kfz-Schlosser, machte sich mit einem Tapetengeschäft selbständig. Noack, ein begeisterter Kartfahrer, erkannte als erster das überragende Talent des damals elfjährigen Michaels. 1980 schenkte er dem Jungen sein Rennkart, das er kurz zuvor für sich selber gekauft hatte. Anfang der achtziger Jahre begleitete er Michael zu den Kartrennen, baute nebenbei einen Karthandel neben der Bahn in Kerpen auf. 1982 wurden ihm die Reisen zu viel. Jürgen Dilk übernahm das „Management".

Adolf Neubert

Der gelernte Automechaniker begann 1960 mit dem Bau der ersten Karts in Deutschland – nach Abbildungen, die er in amerikanischen Zeitungen gesehen hatte. Anfang der achtziger Jahre gründete er sein Kartteam „Eurokart" in Otzberg-Lengfeld bei Darmstadt. 1985 holte Neubert den frischgebackenen Juniorenmeister Michael in sein Team, zwei Jahre später war Michael Deutscher Kartmeister. Drei Jahre wohnte Michael bei Neuberts, er begann hier seine Kfz-Lehre und machte den Führerschein.

Jürgen Dilk

Ehemaliger Automatenaufsteller aus Alsdorf bei Aachen. Er förderte Michael in seiner Kart- und Formel-König-Zeit von 1982 bis 1988, begleitete ihn zu allen Rennen. Während der Meisterschaftsläufe trat er als „Vater" von Michael auf. Dilk zog sich zurück, als Willi Weber seinen Schützling in die Formel 3 holte. Heute leitet Dilk, nach einer schweren Herzoperation Frühinvalide, Michaels wichtigsten Fanclub (Kösliner Str. 16, 52477 Alsdorf). Der Kontakt zu Michael Schumacher ist eng geblieben.

Willi Bergmeister

Der VW-Händler aus Langenfeld (bei Düsseldorf) war selbst erfolgreicher Rennfahrer (Tourenwagen). Sechsmal gewann er das 24-Stunden-Rennen auf dem Nürburgring. In seinem Betrieb setzte Michael von 1988-89 seine Lehre als Kfz-Mechaniker fort und beendete sie erfolgreich. Bergmeister, dessen Söhne Tim und Jörg auch hoffnungsvolle Motorsportler sind, ermöglichte seinem damaligen Azubi großzügig die Teilnahme an den Rennserien Formel König und Formel Ford und sponserte ihn anfangs in der Formel 3.

er 1985 wiederholen und mit dem Kart-Junioren-Vizeweltmeistertitel komplettieren. 1986 stagnierte es ein wenig, mehr als ein dritter Platz in der Deutschen Kartmeisterschaft war nicht drin. Dafür hielt er sich ein Jahr später mit dem Meistertitel schadlos. Zudem wurde er Europameister. Für den Achtzehnjährigen kam die Zeit, an „richtige" Rennautos zu denken.

Auf Vermittlung seines Förderers Dilk ging Michael 1988 gleich in zwei Meisterschaften an den Start. Zum einen in der neuen Formel König, in der damals mit 75-PS-Panda-Motoren gefahren wurde. Ein Konkurrent aus Kartzeiten spöttelte gekonnt: „Ich bin auf der Start- und Zielgeraden mal ein bißchen neben deinem Auto hergelaufen. Das sah ganz anständig aus, wie du fährst." Michael gewann 1988 die Formel König souverän. Und auch in der Formel Ford war er vorne mit dabei. Nur bei acht von zwölf Rennen am Start, belegte er den sechsten Rang im Schlussklassement. Der größte Erfolg in dieser Serie war allerdings nicht in Plätzen und Punkten zu messen. Denn als viel wichtiger erwies sich, dass ein Formel-3-Teamchef namens Willi Weber sich den Michael Schumacher bei einem Formel-Ford-Rennen ansah. Er war bald davon überzeugt,

König in der Formel König: Michael gewann 1988 ganz souverän

Gerd Hofmann

Der Geschäftsführer des Sportsitze-Herstellers König gründete 1988 die Formel König. Er wollte den Kartmeister Michael Schumacher in seiner neuen Formel haben, beschaffte ihm über einen befreundeten Lamborghini-Händler einen Formel-Wagen. Michael gewann von zehn Rennen neun, einmal wurde er Zweiter. Souverän beendete er die erste Saison der Formel König als Meister – mit 59,5 Punkten Vorsprung. Parallel dazu fuhr er einige Formel-Ford-Läufe. Hierbei entdeckte ihn Formel-3-Manager Willi Weber.

Peter Sauber

Der Schweizer baute im Auftrag von Mercedes die Sportwagen (Gruppe C), mit denen Mercedes 1989 die Weltmeisterschaft gewann. 1989 kamen die ersten drei der Formel-3-Meisterschaft (Wendlinger, Frentzen, Schumacher) als Junioren in sein Team, um sich für den geplanten – später verschobenen – Formel-1-Einstieg von Mercedes zu qualifizieren (Wichtigster Lehrer: Jochen Mass). Sauber bemühte sich auch persönlich intensiv um die Ausbildung der 20- und 21jährigen Jungen.

Jochen Neerpasch

Gilt als „graue Eminenz" der Rennszene in Deutschland. Er war bis 1968 Porsche-Werksfahrer, dann Rennleiter bei Ford. Von 1972 bis 1980 leitete er die Motorsportaktivitäten bei BMW. Weitere Stationen: Talbot, FIA, Sportvermarktungsfirma IMG. 1988 wurde er Rennleiter bei Mercedes und gleichzeitig Geschäftsführer bei Sauber. Er baute das Mercedes-Junioren-Team auf, brachte Michael in die Formel 1. Heute ist Neerpasch u.a. Mentor verschiedener Rennserien und Industrieberater. Er lebt in Monte Carlo.

Jochen Mass

Er war Deutschlands erfolgreichster Rennfahrer – bis er von Michael entthront wurde. 104 mal ging er zwischen 1973 und 1982 in der Formel 1 an den Start. Mass holte 71 WM-Punkte, einmal siegte er. Nach 1982 fuhr er in der Sportwagen-WM für Porsche und (ab 1987) für Sauber-Mercedes. Mass war der wichtigste Lehrer des Mercedes-Junioren-Teams. Er baute Michael für seinen Einsatz in der Formel 1 auf. Mass kommentierte viele Jahre mit Heiko Waßer die Formel-1-Übertragungen von RTL.

erste Meisterschaft der neuen Nachwuchsserie.

F3-Konkurrenten 1990: Mika Häkkinen und Michael.

ein Riesentalent vor sich zu haben. Kennenlernen, Vereinbarung zu ersten Testfahrten, Managementvertrag auf zehn Jahre und der Einstieg in die Formel 3 waren dann nur noch eine Frage von wenigen Wochen.

Michael wollte die Lehre abbrechen

Der Wunsch, eine Rennfahrerkarriere anzustreben, war so groß, dass Michael in Konflikt mit seinem Lehrherrn geriet. Beim Langenfelder VW-Händler Willi Bergmeister wurde er zum Kfz-Mechaniker ausgebildet. Bergmeister erinnert sich: „Ein Jahr vor dem Abschluß wollte Michael die Lehre abbrechen. Wir haben es dann geschafft, die Prüfung ein halbes Jahr vorzuziehen – und Michael hat sie im Frühjahr 1989 auf Anhieb bestanden." Michael war damals 20 Jahre alt. Er hatte einen Formel-3-Vertrag mit dem Team des amtierenden Meisters, der ihm ein zwar bescheidenes, aber immerhin geregeltes Einkommen als Berufsrennfahrer garantierte.

Das erste Jahr in der Formel 3 beendete Michael mit zwei Siegen. Er lag gemeinsam mit Heinz-Harald Frentzen (3 Siege) in der Schlusswertung einen einzigen Punkt hinter Meister Karl Wendlinger – und 89 Punkte vor seinem Teamkollegen Frank Schmickler.

Es war ein Glücksfall der Motorsport-Geschichte:

Damals, 1989, beschloß der Weltkonzern Mercedes, nach 45 Jahren seine Rückkehr in die Formel 1 anzustreben. In Frentzen und Schumacher hatte man zwei überragende Talente ausgemacht, zudem engagierte man F3-Champ Wendlinger aus Österreich.

Zwei Jahre lang brachten die Stuttgarter ihren Paradeschülern alles bei, was man für die Königsklasse so braucht: Das Auftreten in einem Top-Team mit schier unbegrenzten Mitteln, das Frage- und Antwortspiel mit Technikern der Spitzenklasse, den Umgang mit Sponsoren und Medien aus aller Welt. Nicht zuletzt das Beherrschen von 750 PS starken Ungeheuern – von Motoren also, die der Formel 1 ebenbürtig waren.

Und Michael zeigte seinen Förderern ein ums andere Mal, dass sie aufs richtige Pferd gesetzt hatten. 1990, in seinem zweiten Formel-3-Jahr, war er Meister der wichtigsten Nachwuchsserie – mit 31 Punkten Vorsprung vor Vizemeister Otto Rensing. Und für Mercedes holte er in der Gruppe C in drei Rennen zwei zweite Plätze und einen Sieg.

Wenn es im folgenden Jahr nicht so weiterging, dann lag es ausschließlich daran, dass die Gruppe-C-Wagen von Mercedes 1991 von einer steinerweichenden Unzuverlässigkeit waren. Und trotzdem war spätestens Mitte des Jahres jedem klar: Michael hatte gelernt, was es zu lernen gab. Mercedes stand Gewehr bei Fuß, den Lieblingsschüler in die Formel 1 zu entlassen.

Die treibende Kraft hinter dem ganzen Projekt, Jochen Neerpasch, formulierte das Ziel: „Wir müssen jetzt nur noch Geduld haben, bis etwas in einem guten Team frei wird. Auf keinen Fall dürfen wir die Nerven verlieren und Michael an ein schlechtes Team weiterreichen." Wenige Wochen später gingen Neerpaschs kühne Vorstellungen in Erfüllung.

Deutsche Hoffnungen in der Formel 3: Heinz-Harald Frentzen, Mich

Zehn-Jahres-Ehe: Mit seinem Formel-3-Vertrag band sich Michael b

Stern am Bug: 1990/91 fuhr Michael für Mercedes. Die Motoren der Gruppe C waren den F1-Aggreg

...rtels und Michael Schumacher.

...n 30. Geburtstag an Willi Weber.

...chwertig. Erklärtes Ziel: Formel 1.

Kart-Meisterschaften

1984 Deutscher Kart-Juniorenmeister
1985 Deutscher Kart-Juniorenmeister, Kart-Junioren-Vizeweltmeister

1986 Deutsche Kartmeisterschaft – Endstand

	Fahrer	Fahrzeug	Punkte
1.	Gert Munkholm (DK)	Dino/Dino	78
2.	Thomas Rabe	Kali/Parilla	49
3.	Michael Schumacher	Kali	47

Außerdem: 3. Platz Europameisterschaft

1987 Deutsche Kartmeisterschaft – Endstand

	Fahrer	Fahrzeug	Punkte
1.	Michael Schumacher	Kali/Parilla	127
2.	Peter Hantscher	Mach/KZH	112
3.	Karl-Heinz Gruhn	Kali/DAP	68

Außerdem: Europameister

Formel König 1988 – Endstand

	Fahrer	Punkte
1.	Michael Schumacher	192,0
2.	Georg Hutter	131,5
3.	Helmut Schwitalla	122,5
4.	Markus T. Hofmann	107,0
5.	Andreas Baier	106,0
6.	Kurt Gewinnus	99,5

Formel Ford 1988 – Endstand

	Fahrer	Fahrzeug	Punkte
1.	Meik Wagner	Van Diemen	177
2.	Joachim Koscielniak	Van Diemen	156
3.	Fritz Kreutzpointner	Van Diemen	146
4.	Klaus Panchyrz	Reynard	138
5.	Michael Krumm	Reynard	125
6.	Michael Schumacher	Van Diemen	124

(Nur bei 8 von 12 Läufen am Start)

Deutsche Formel-3-Meisterschaften

Rennergebnisse 1989

Ort	Schumacher	Sieger
Hockenheim	3. Platz	Frank Krämer
Nürburgring	3. Platz	Michael Bartels
Avus	3. Platz	Karl Wendlinger
Brünn	5. Platz	Michael Bartels
Zeltweg	Sieger	Michael Schumacher
Hockenheim	3. Platz	Heinz-Harald Frentzen
Wunstorf	12. Platz	Heinz-Harald Frentzen
Hockenheim	Ausfall	Karl Wendlinger
Diepholz	4. Platz	Heinz-Harald Frentzen
Nürburgring	5. Platz	Peter Zakowski
Nürburgring	Sieger	Michael Schumacher
Hockenheim	3. Platz	Michael Bartels

Endstand 1989

	Fahrer	Fahrzeug	Punkte
1.	Karl Wendlinger	Ralt Alfa Romeo	164
2.	Heinz-Harald Frentzen	Reynard 893	163
3.	Michael Schumacher	Reynard 893	163
4.	Michael Bartels	Reynard 893	150
5.	Wolfgang Kaufmann	Dallara 389	138
6.	Peter Zakowski	Reynard 893	132
7.	Ellen Lohr	BSR 389	112
8.	Michael Boppes	Martini MK 58	108
9.	Frank Krämer	BSR 389	95
10.	Ralf Kelleners	Reynard 893	75
11.	Frank Schmickler	Reynard 893	74
12.	Franz Engstler	Reynard 883	65

Rennergebnisse 1990

Ort	Schumacher	Sieger
Zolder	Ausfall	Wolfgang Kaufmann
Hockenheim	Ausfall	Otto Rensing
Nürburgring	5. Platz	Wolfgang Kaufmann
Avus	Sieger	Michael Schumacher
Wunstorf	Sieger	Michael Schumacher
Norisring	2. Platz	Otto Rensing
Zeltweg	Sieger	Michael Schumacher
Diepholz	Sieger	Michael Schumacher
Nürburgring	3. Platz	Peter Zakowski
Nürburgring	Sieger	Michael Schumacher
Hockenheim	2. Platz	Mika Häkkinen

Endstand 1990

	Fahrer	Fahrzeug	Punkte
1.	Michael Schumacher	Reynard F390	148
2.	Otto Rensing	Ralt RT 34 VW	117
3.	Wolfgang Kaufmann	Reynard F390	81
4.	Klaus Panchyrz	Reynard F390	73
5.	Jörg Müller	Reynard F390	65
6.	Peter Zakowski	Reynard F390	61
7.	Ralf Kelleners	Eufra 390 VW	50
8.	Marco Werner	Ralt RT 34 Opel	47
9.	Ellen Lohr	Ralt RT 34 VW	41
10.	Frank Kraemer	Eufra 390 Opel	40
11.	Marc Hessel	Reynard F390	34
12.	Franz Binder	Reynard F893	26

Gruppe C Sportwagen-Weltmeisterschaften

Rennergebnisse 1990

Ort	Schumacher	Sieger
Suzuka	nicht am Start	Schlesser/Baldi
Monza	nicht am Start	Schlesser/Baldi
Silverstone	nicht am Start	Brundle/Ferté
Spa	nicht am Start	Mass/Wendlinger
Dijon	2. Platz	Schlesser/Baldi
Nürburgring	2. Platz	Schlesser/Baldi
Donington	nicht am Start	Schlesser/Baldi
Montreal	nicht am Start	Schlesser/Baldi
Mexico-City	Sieger	Mass/Schumacher

Sieger der WM wurde Mercedes mit den Fahrern Jean-Louis Schlesser, Mauro Baldo (je 49,5 P.) und Jochen Mass (48). Michael belegte mit 21 Punkten Rang 5 – mit Karl Wendlinger und Jan Lammers.

Rennergebnisse 1991

Ort	Schumacher	Sieger
Suzuka	Ausfall	Baldi/Alliot
Monza	Ausfall	Warwick/Brundle
Silverstone	2. Platz	Fabi/Warwick
Le Mans	5. Platz	Weidler/Herbert/Gachot
Nürburgring	Ausfall	Warwick/Brabham
Magny Cours	Ausfall	Rosberg/Dalmas
Mexico-City	Ausfall	Rosberg/Dalmas
Autopolis	Sieger	Schumacher/Wendlinger

Die WM 91 ging an Jaguar (mit Teo Fabi und Derek Warwick). Jochen Mass und Jean-Louis Schlesser kamen auf Rang 6 (je 45 P.). Michael wurde mit 43 Punkten Neunter.

GOODYEAR
MILD SEVEN
Ford
TECHNOGYM

DIE ZEIT MIT BENETTON

IN VIER JAHREN ZUR LEGENDE

Das Glück strahlt aus seinen Augen: Michael Schumacher hat den Grand Prix von Belgien 1994 gewonnen. Es ist in diesem Jahr sein achter Sieg in elf Rennen – ein Sieg, der ihm Stunden später am Funktionärstisch genommen wird. Vier Rennen werden 1994 nicht gewertet – dennoch holt er seinen ersten Titel.

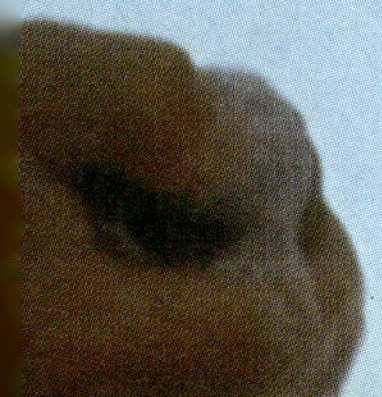

Gerade fünf Mal hatte das Benetton-Team in zehn Jahren gesiegt. Ein Weltmeistertitel schien außer Reichweite. An Michael Schumacher glaubte im Team anfangs keiner so recht. Knappe fünf Jahre später war Michael der jüngste Doppelweltmeister aller Zeiten und das Team feierte den ersten Konstrukteurstitel seiner Geschichte.

Die ganze Szene hatte etwas Surreales. Ort der Handlung war die mondäne Villa d'Este, ein Nobelhotel am Comer See. Anwesend war an jenem Augusttag des Jahres 1991 ein Großteil der Creme der Königsklasse. Der große Formel-1-Zampano Bernie Ecclestone führte das Wort. Mit von der Partie war Flavio Briatore, Chef des Mittelklasseteams Benetton. Ihm gegenüber saß Eddie Jordan, Eigner des gleichnamigen Teams, das gerade neu in die Formel 1 eingestiegen war. Er wurde unterstützt von Ian Phillips, dem Mann für Finanzen bei Jordan. Auf keinen Fall unerwähnt bleiben dürfen Mercedes-Sportchef Jochen Neerpasch und Schumacher-Manager Willi Weber. Eine eher untergeordnete Rolle spielte der brasilianische Rennfahrer Roberto Moreno. Dabei ging es um seinen Sitzplatz im Benetton. Den sollte Roberto freimachen – für einen jungen deutschen Nachwuchsrennfahrer.

Die Stimmung war gereizt bis explosiv. Verträge wurden diskutiert, Entwürfe, „Letters of intend" und Zahlungsverpflichtungen. Einstweilige Verfügungen wurden angedroht und erwirkt. Und jetzt das Surreale: Der ganze Hickhack dieser erstrangigen Besetzung galt einem Rennfahrer, der gerade einmal 400 Meter Formel-1-Rennerfahrung hatte: Michael Schumacher.

Das Problem war: Die wenigen Meter hatte der Kerpener in einem Jordan-Ford zurückgelegt. Die nächsten Jahre sollte Schumacher aber in einem Benetton-Ford starten.

Formel-1-Fahrer im Gefängnis

Die Ursache für die verzwickte Situation lag einige Wochen zurück. Der belgische Jordan-Pilot Bertrand Gachot hatte sich gemüßigt gefühlt, in London einen Taxifahrer mit Reizgas zu besprühen – was von der britischen Justiz mit einer Gefängnisstrafe geahndet wurde. Schlagartig stand Gachots Cockpit zur Disposition.

Auf solch eine Chance hatte Schumacher-Förderer Neerpasch gewartet. Jordan schien genau das richtige für einen Formel-1-Einstieg seines Schützlings: Ein kleines Team mit einem vielversprechenden Auto, mit dem man Erfolge einfahren konnte, aber nicht musste.

450.000 Mark verlangte das Schlitzohr Eddie Jordan für Schumachers Formel-1-Premiere, die im belgischen Spa-Francorchamps stattfinden sollte. Hektisch versuchte Schumachers Umfeld, das viele Geld aufzutreiben. Manager Willi Weber war bereit, für die Summe zu bürgen. Dann schossen Michaels Sportwagen-Arbeitgeber Peter Sauber und Jochen Neerpasch den Betrag vor – Michael durfte zu ersten Schnupperrunden nach Silverstone fliegen.

Wo er prompt das Jordan-Team in Panik versetzte. Nach wenigen Runden holte man ihn von der Strecke. Begründung: „Viel zu schnell." Michael verständnislos: „Wieso? Ich habe doch noch gar nicht richtig Gas gegeben."

Dann kam Spa, Michaels Debütrennen. Keine 100 Kilometer von seinem Heimatort Kerpen entfernt. Auf dem Weg dorthin musste Michael anhalten und einen Freund anrufen: „Wie finde ich bloß zur Strecke? Ehrlich gesagt, kenne ich Spa gar nicht."

Eddie Jordan stand sein Toupet zu Berge, als er das erfuhr. Der clevere Weber hatte ihm erst vor wenigen Tagen eingeredet, dass Michael dieses Spa, das doch so nah bei Kerpen läge, wie seine Westentasche kennen würde. Jordan wurde unsicher, besann sich dann aber der Testfahrten: Hier wartete ein Rohdiamant auf seine Fassung, und er, Eddie Jordan, würde ihm diese Fassung schon verpassen.

Es folgte eine kleine Sensation: Wer am Rennsonntag zu Michaels Startplatz

25. August 1991: Mit dem Erlöschen der Startampeln begann Michael Schumachers Formel-1-Karriere. Auch wenn beim Großen Preis von Belgien sein grüner Jordan (Nr. 12) nur 400 Meter weit kam.

gehen wollte, hatte einen kurzen Weg. Er musste nur an Ayrton Senna vorbei und an Alain Prost, an Nigel Mansell und Gerhard Berger, an Jean Alesi und Nelson Piquet – und dann kam schon Michael. Startplatz sieben im Premierenrennen – Senna kommentierte gönnerhaft: „Wer in seinem ersten Rennen so anfängt, muss schon was Besonderes sein.“ Leider verreckte nach 400 Metern der grüne Jordan.

Eddie Jordan witterte Superdeal

Aber Eddie Jordan hatte Sennas Wort im Ohr. Der clevere Ire wollte seinen Vertrag mit Schumacher in trockene Tücher bringen. Und was das für ein Vertrag werden sollte, Eddie lief das Wasser im Munde zusammen. Drei Jahre sollte Schumacher für Jordan fahren, jedes Jahr hätte Mercedes acht Millionen Mark zu bezahlen. Ein Superdeal für Eddie, der zwar in den Formeln 3 und 3000 alles abgeräumt hatte, aber in der Königsklasse sein Premierenjahr absolvierte. Für das viele Geld durften die Stuttgarter ihren Michael immerhin jederzeit zurückbeordern – für den Fall, dass Mercedes selber in die Formel 1 einsteigen würde.

Vor dem Großen Preis von Italien sollte der Vertrag unterschrieben werden. Da aber wussten die Mannen um Neerpasch bereits, was eigentlich keiner wissen sollte: Jordan würde 1992 auf Yamaha-Motoren wechseln. Und das war jedem klar: Wer Yamaha fährt, muss

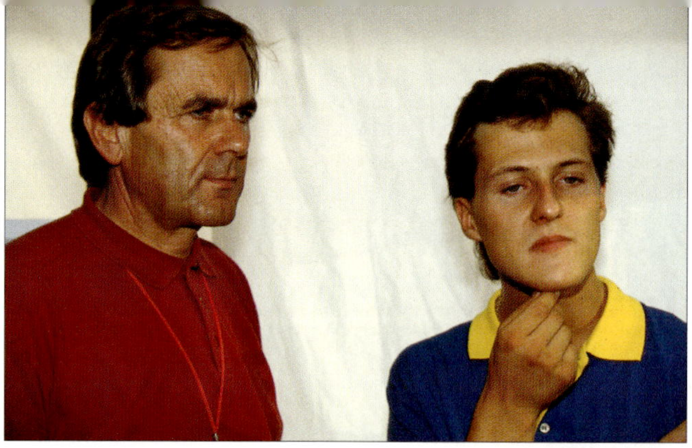

Mercedes-Rennleiter Jochen Neerpasch kaufte Michael das Cockpit.

Formel-1-Neueinsteiger Eddie Jordan witterte ein Millionengeschäft.

Flavio Briatore feuerte für Michael den Brasilianer Roberto Moreno.

zwar für die Motoren nichts bezahlen, wird mit diesen Luftpumpen aber nie und nimmer vorne mitfahren können. Also konnte die Devise nur heißen: Nix wie weg von Jordan.

Bernie wollte einen Deutschen

An dieser Stelle trat Bernie Ecclestone auf den Plan. Außer einer schnellen Frau und einem Schwarzen war ein siegverdächtiger Vertreter der Autonation Deutschland das dritte Element, das er unbedingt für seinen Zirkus suchte. Er wollte sich das Goldstückchen nicht in letzter Sekunde von einem schwachbrüstigen Motor zuschanden machen lassen.

Ecclestone setzte seine ganze Autorität ein und lancierte Schumacher zu Benetton. Noch heute versichert er: „Ich war es, der damals Michael zu Benetton gebracht hat. Die Benetton-Leute wollten ihn doch gar nicht. Die sagten nur immer: ‚Nein, nein, der ist zu unerfahren, keiner kennt ihn.‘ Aber ich habe wie verrückt gepuscht, um ihn da rein zu kriegen.“

Ecclestone gelang der Schachzug beim eingangs erwähnten Vertragspoker am Comer See. Moreno erhielt einen größeren Scheck und einen Vertrag für die nächsten beiden Rennen im Jordan. Eddie musste sich eingestehen, dass er einen der wenigen Fehler seiner Teamchef-Karriere gemacht hatte – durch eine Vertragslücke verlor er seinen Rohdiamanten zum Nulltarif an den Erzkonkurrenten Briatore.

Nur einer bekam von dem ganzen Hickhack herzlich wenig mit. Noch wenige Tage vor dem Rennwochenende in Monza sagte Michael ehrlichen Herzens zu Journalisten: „Ich freue mich riesig darauf, in Monza das Jordan-Team wiederzusehen. Wir haben uns unheimlich gut verstanden.”

„Ein schnelles Geschäft”

Der Deutsche reiste in Monza als Jordan-Pilot an und saß am Freitag in einem Benetton. Michael abgeklärt: „Die Formel 1 ist nun mal ein extrem hartes und in jeder Beziehung schnelles Geschäft.“

Fünf Rennen standen noch auf dem Programm, drei davon beendete Schumacher in den Punkten. Das bemerkenswerteste war: Mit einer Ausnahme besiegte Michael in seinem Einstiegsjahr stets seinen Teamkollegen im Qualifying.

Dieser Teamkollege hieß immerhin Nelson Piquet, und war bereits dreifacher Weltmeister.

Barcelona 92: Michael wird zum „Regenkönig" gekürt. Er belegte hinter WM-Star Nigel Mansell einen sensationellen zweiten Platz.

1992

Nach Michaels vielversprechendem Einstieg freuten sich alle auf die Saison 1992. Sie sollte sowohl für Benetton wie auch für Schumacher einen wichtigen Schritt auf dem langen Weg an die Spitze darstellen. Und dann kam mal wieder alles ganz anders.

Bei Benetton-Testfahrten im südfranzösischen Le Castellet explodierte eine Bombe: Öffentlich verkündete das Sauber-Team, es gedenke, ab 1993 in der Formel 1 zu starten. Auch der Name des Fahrers wurde genannt: Michael Schumacher.

Nanu? Benetton hatte einen Vertrag mit Schumacher bis Ende 1995. Michael konnte aus der Verpflichtung nur aussteigen, wenn Mercedes ihn für Formel-1-Einsätze rief. Aber der neue Mercedes-Vorstand hatte entschieden, den geplanten Einstieg in die Formel 1 abzublasen.

Michael vor dem Rausschmiss

Flavio Briatore war stark angesäuert. Sauber-Ilmor sei, auch wenn „Concept by Mercedes" auf dem Auto stand, kein Mercedes. Also habe Michael bei Benetton zu bleiben.

Der Technische Direktor von Benetton, Tom Walkinshaw, reagierte harsch. Von Michaels Benetton mit der Startnummer 19 wurde der Schumacher-Namenszug entfernt, die Box blieb leer, der Test wurde abgesagt und Michael drohte man: Wenn du 1993 für Sauber fahren willst, kannst du sofort deine Koffer packen.

Hinter den Kulissen entstand eine Rangelei, die der von Monza aus dem Vorjahr kaum nachstand. Und wieder blieb Benetton Sieger. Sauber und Mercedes zogen den Schwanz ein: „Wir wollen Michaels Karriere nicht im Wege stehen."

Endlich konnte man bei Benetton daran gehen, die Saison 1992 in Angriff zu nehmen. Was voll und ganz gelang: Zum Auftaktrennen in Kyalami ein vierter Platz, dann zweimal hintereinander, in Mexiko-City und in Sao Paulo, als Dritter auf dem Treppchen, dann in Barcelona ein zweiter Platz.

Dieser zweite Platz war besonders wichtig. Denn in Spanien stellte Benetton seinen neuen Wagen vor, den B.192. Michael erleichtert: „Der Neue ist auf Anhieb ein ‚Frontrunner', und nun bin ich mir endgültig sicher, dass ich beim richtigen Team bin." Die Zeit war reif für höhere Aufgaben. Für so hohe Aufgaben, dass ein Konflikt mit dem bisherigen Platzhirschen in der Formel 1, Ayrton Senna, unausweichlich war.

Den ersten Schlagabtausch eröffnete Michael Schumacher ausgerechnet in Brasilien, wo er Senna öffentlich angriff: „Ich weiß nicht, welches Spiel das sein sollte, das Senna mit mir gespielt hat. Ich weiß nur, dass es eines Weltmeisters unwürdig war."

Michael war der Meinung, Senna habe ihn absichtlich behindert. Dafür konnte dann Senna in Frankreich der Meinung sein, dass ihn Schumacher im Gerangel der ersten Runde abgeschossen hatte.

In Hockenheim wurde Ayrton Senna 1992 von Michael nass gemacht.

ʟeutsche Rookie überflügelte die F1-Ikone in der WM-Gesamtwertung.

Michael wiederum dachte bei Tests auf dem Hockenheimring, Senna wolle provozieren, worauf er sofort mit einem Revanchefoul konterte. Der Eklat war da: Senna kam in die Benetton-Box gestürmt und ging dem Jungspund an den Kragen. Michael versuchte, die ganze Sache runterzuspielen: „Senna wollte mir doch nur den Nacken massieren."

In Hockenheim stand dann noch eine richtige Massage an, nämlich eine Seelenmassage. Vor heimischem Publikum zusammen mit Mansell und Senna auf dem Podest, nur zum Teil gelang es Michael, nicht in Tränen auszubrechen.

Wer dachte, dass das der emotionale Höhepunkt der Saison werden sollte, sah sich getäuscht. Der sollte erst in Belgien kommen.

Meisterprüfung in Spa

In Spa-Francorchamps, auf einer Strecke, die man Jahre später die „Schumacher-Strecke" nennen wird, bei einem Wetter, das man Jahre später „Schumacher-Wetter" nennen wird, gelang dem jungen Schumacher nach vielen Gesellenstücken nun die Meisterprüfung: Indem er mitten im Rennen, von Teamkollege Martin Brundle gehetzt, von der Strecke flog.

Was nun folgte, war Schumacher pur. Erstens: Er schaffte es, wieder auf die Strecke zurückzurödeln. Zweitens: Michael fand noch genügend Zeit, beim vorbeihuschenden Brundle die Hinterreifen zu studieren: „Die begannen, Blasen zu ziehen. Da wir eine fast gleiche Abstimmung fuhren und im Rennen gleich schnell waren, konnten meine Reifen nicht viel besser aussehen. Deswegen bin ich so schnell wie möglich an die Box gefahren, um mir einen neuen Satz zu holen."

Es war diese Finesse, die ihm den ersten Sieg einbrachte. Exakt ein Jahr nach seinem sensationellen Debüt stand Michael Schumacher ganz oben auf dem Treppchen. Ganz langsam begriff man in Deutschland, dass es neben König Fußball und Boris Becker künftig noch ein weiteres sportliches Großereignis geben könnte.

Nach dem Saisonfinale in Adelaide kehrte Michael Schumacher als WM-Dritter nach Hause zurück. In seinem ersten vollen Formel-1-Jahr hatte er sogar Ayrton Senna geschlagen – der Vorjahresweltmeister brachte drei Punkte weniger in die Bilanz ein. Unerreichbarer Spitzenreiter war in diesem Jahr 1992 allerdings Nigel Mansell auf dem überlegenen Williams-Renault.

Michael wusste, dass seine Tage in Deutschland gezählt waren: Monaco rief. „Nachdem wildfremde Leute in Kerpen bei mir im Garten standen und mitgrillen wollten, war mir klar, dass ich Deutschland verlassen musste." Ende 1992 fasste Michael den Umzug ins Fürstentum ins Auge.

Ein ganz anderer Umzug zeigte, dass Michael und Benetton endgültig in die erste Liga der Formel 1 wollten. Das Benetton-Team ließ in Enstone eine neue supermoderne F1-Fabrik errichten.

Wer sein Auto liebt, der schiebt: Der Saisonauftakt 1993 in Kyalami zeigte Michael, welches Arbeitspensum noch vor dem Team lag.

1993

Selbstbewusst gingen Schumacher und seine Benetton-Truppe in die Saison 1993. Ihnen schien klar: Gegen die elektronisch hochgerüsteten Williams unter Alain Prost und Damon Hill würden sie keine Chance haben. Aber sie wollten den zweiten Rang markieren.

Härtester Konkurrent auf dieser Ebene war McLaren mit Ayrton Senna. Dem erfolgverwöhnten Team waren die Honda-Motoren abhanden gekommen, man vertraute 1993 wie Benetton dem Ford-Achtzylinder. Ford versprach Gleichbehandlung beider Teams.

Von Senna distanziert

Das Auftaktrennen in Südafrika holte die Benetton-Mannschaft rüde auf den Boden der Tatsachen. McLaren-Pilot Ayrton Senna distanzierte Schumacher im Training um über eine Sekunde. Und im Rennen demonstrierte der Brasilianer, wie man eine Tür zumacht, von der Jung-Schumacher dachte, sie sei ein ganz klein bisschen offen. „Komplett mein Fehler. Ich hätte mir mit dem Überholen viel mehr Zeit lassen müssen", gab ein desillusionierter Benetton-Pilot zu.

Was machte die Saison 1993 so schwierig? Nach dem sensationellen Einstieg in die Formel 1 1991 und dem schnellen ersten Sieg im Vorjahr galt es nun für Schumacher, seine Anwartschaft auf die Rolle eines der wenigen Spitzenpiloten zu untermauern.

Einfacher gesagt als getan: Zum einen musste der Deutsche neidisch mit ansehen, wie Williams und McLaren mit ihrer elektronischen Traktionskontrolle einen wertvollen Vorsprung dank Technik hatten. Das Benetton-Team brauchte bis zum Großen Preis von

Beim Großen Preis von Deutschland trug der Jubel seiner 150.000 F

Monaco, um halbwegs gleichzuziehen.

Zum anderen musste Schumacher hilflos akzeptieren, dass ein mit allen Wassern gewaschener Ayrton Senna Rennen für Rennen

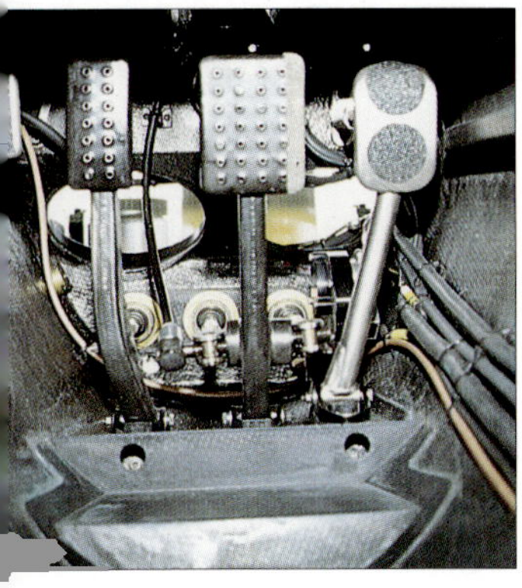

Technik 93: Noch Fußkupplung.

dafür sorgte, den Exklusivvertrag zwischen Benetton und Ford aufzuweichen. Obwohl Ford beiden Teams die gleichen Motoren liefern sollte, bevorzugte der Motorenhersteller immer stärker das McLaren-Team mit dem brasilianischen Superstar.

Tatsächlich konnte Senna mit unterlegenem Material fünf Rennen gegen die übermächtigen Williams gewinnen. Sehr bescheiden nahm sich dagegen Schumachers einziger Sieg beim Großen Preis von Portugal aus. Senna war 1993 das Maß der Dinge und Schumacher musste noch viel lernen.

Neuer Vertrag

Zum Beispiel, wie man sich als Fahrer ins Vertragsgespräch bringt. Senna wollte McLaren zu Saisonende verlassen – sein Traumteam war Williams. Clever brachte er sich deshalb erst einmal bei Benetton ins Gerede. Schumacher konnte einem Team Senna/Schumacher aber gar nichts abgewinnen und reagierte gereizt: „Ein Team sollte sich auf einen Spitzenmann konzentrieren.“ Dass Schumacher dabei nicht an Senna gedacht hatte, lag auf der Hand…

Benetton befolgte den Rat, schloss einen neuen Dreijahresvertrag mit dem Deutschen ab. Briatore legte rund 18 Millionen Dollar für diesen Zeitraum beiseite. Ayrton Senna unterschrieb für das nächste Jahr bei Williams.

Zum Ende der Saison hatte der Brasilianer noch den Vizetitel für sich retten können. Er schob sich im Klassement zwischen die Williams-Piloten Alain Prost und Damon Hill. Michael Schumacher wurde Vierter. Das konnte den deutschen Shootingstar nicht befriedigen.

…ael auf Platz Zwei. Selbst die Ferraristi schwenkten begeistert ihre Fahnen, als der Deutsche den McLaren Ayrton Sennas hinter sich ließ.

DIE BENETTONS

1985 kaufte der Pulloverfabrikant Luciano Benetton das erfolglose britische Team Toleman auf. Leider war Toleman-Starpilot Ayrton Senna da bereits zu Lotus gewechselt. Ein Jahr später gelang Gerhard Berger der erste Sieg eines Benetton-Boliden.

1989 übergab Luciano Benetton die Teamleitung an seinen rührigen, knallharten Manager Flavio Briatore. Der damals 39-jährige Italiener engagierte den dreifachen Weltmeister Nelson Piquet – mit dessen zwei Siegen 1990 wurde das Benetton-Team zur Nummer drei hinter McLaren und Ferrari.

1991 kamen drei neue Männer zu Benetton: Tom Walkinshaw als Co-Eigner, Ross Brawn als Konstrukteur – und Michael Schumacher. Nach vier weiteren Jahren wurde die gemeinsame Arbeit mit Michaels zweitem Meistertitel und dem Gewinn der Konstrukteursmeisterschaft gekrönt.

Mit Michaels Ausstieg bei Benetton rückte das Benetton-Team ins zweite Glied zurück. Das Fahrerduo Gerhard Berger/Jean Alesi holte nur noch einen einzigen Sieg (Berger 1997 beim Deutschland-GP). Die erfolggewohnte Benetton-Familie trennte sich Ende 1997 von Briatore, engagierte zunächst den ehemaligen Rallye-Weltmeister Dave Richards als Teamchef, und übergab das Team 1999 dem Benetton-Spross Rocco, damals 29. Dennoch – den weiteren Abstieg konnten weder die Teamchefs noch die Piloten Giancarlo Fisichella/Alexander Wurz verhindern.

Wie Phoenix aus der Asche tauchte Anfang 2000 Flavio Briatore wieder auf. Der war durch Hilfestellung seines Freundes Bernie Ecclestone vier Jahre lang als Chef bei der Motorschmiede Mécachrome/Supertec zwischengeparkt worden – die Firma entwickelte die einstigen Renault-F1-Motoren weiter. Der neue Benetton-Chef Briatore verkündete nicht nur seine baldige Vermählung mit dem Supermodel Naomi Campbell – sondern auch die Rückkehr von Renault in die Formel 1. Ab 2002 wird es das Benetton-Team nicht mehr geben. Es heißt dann schlicht Renault mit Flavio als Teamchef.

Teameigner Luciano (r.) und Alessandro Benetton mit Briatore.

ERFOLGSBILANZ TEAM BENETTON

(Hieß von 1981-1985 Toleman)
Gefahrene Grand Prix: 300, Pole-Positions: 16, Siege: 27

Jahr	Motor	Fahrer	Rang	Punkte
1981	Hart Turbo	B. Henton/D. Warwick	–	–
1982	Hart Turbo	D. Warwick/T. Fabi	–	–
1983	Hart Turbo	D. Warwick/B. Giacomelli	9	10
1984	Hart Turbo	A. Senna/J. Cecotto/ S. Johansson/P. Martini	7	16
1985	Hart Turbo	T. Fabi/P. Ghinzani	–	–
1986	BMW Turbo	T. Fabi/G. Berger	6	19
1987	Ford Turbo	T. Boutsen/T. Fabi	5	28
1988	Ford	A. Nannini/T. Boutsen	3	39
1989	Ford	A. Nannini/J. Herbert/E. Pirro	4	39
1990	Ford	A. Nannini//N. Piquet/R. Moreno	3	71
1991	Ford	N. Piquet/R. Moreno/ M. Schumacher	4	38,5
1992	Ford	M. Schumacher/M. Brundle	3	91
1993	Ford	M. Schumacher/R. Patrese	3	72
1994	Ford	M. Schumacher/JJ Lehto J. Verstappen/J. Herbert	2	103
1995	Renault	M. Schumacher/J. Herbert	1	137
1996	Renault	J. Alesi/G. Berger	3	68
1997	Renault	J. Alesi/G. Berger/ A. Wurz	3	67
1998	Playlife	G. Fisichella/A. Wurz	5	33
1999	Supertec	G. Fisichella/A. Wurz	6	16
2000	Playlife	G. Fisichella/A. Wurz	4	20

1994

Für die Saison 1994 stellte das Benetton-Team ein Auto auf die breiten Gummiwalzen, das Schumacher außer Fassung brachte: „Mit Abstand das beste Auto, das ich je gefahren bin."

Dementsprechend war auch der Saisonanfang in Brasilien: Sieg über Senna auf einem Williams.

Der haushohe Favorit fiel durch einen Fahrfehler aus. Auch beim zweiten Lauf in Japan gewann Schumacher, Senna blieb nach einem Unfall erneut punktelos. Gespannt warteten die Fans darauf, ob Schumacher auch mit dem Beginn der europäischen Saison in Imola seinen Konkurrenten in Schach halten konnte.

VOM JÄGER ZUM GEJAGTEN

Das Schicksal hatte andere Pläne: Mit Senna, der in der berüchtigten Tamburello-Kurve zu Tode kam. Aber auch mit Michael Schumacher: Aus dem Jäger wurde der Gejagte. Mit seinem dritten Sieg in Folge war er plötzlich der Meisterschaftskandidat. Wer in der Formel 1 was werden wollte, musste nun ihn schlagen.

Weil das immer weniger Piloten auf der Strecke gelang, griffen einige Gegner ganz tief in die Kiste mit den dreckigen Tricks. Als Michael den Großen Preis von Spanien auf Rang zwei beendete – mit einem Getriebe, das nur noch den fünften Gang zur Verfügung stellte – fingen die Verdächtigungen an: „Wer nur mit

Streckenposten gratulierten Michael 1994 in Monaco. Der vierte Sieg in Folge – der Deutsche schien in diesem Jahr unschlagbar.

Das Verhältnis zwischen Senna und Michael war 1994 entspannt.

In Jerez zwang Ecclestone Schumacher und Hill zum Fototermin.

einem Gang so schnell wie die anderen auf intakten Autos fährt, muss betrügen.“ Zwei Rennen später bekam der unterstellte Betrug einen Namen: Traktionskontrolle. Benetton benutze immer noch die mittlerweile verbotene Technik, hieß es.

Schlimmer noch: Nach dem Großen Preis von England erhielt Schumacher eine Zwei-Rennen-Sperre wegen Überfahrens der schwarzen Flagge. Hilflos musste er bei den Großen Preisen von Italien und Portugal mit ansehen, wie Konkurrent Damon Hill bis auf einen einzigen Punkt an ihn herankam.

Doch die Saison 1994 hatte noch weitere Nackenschläge auf Lager. Auf dem Hockenheimring saß Teamkollege Jos Verstappen beim Nachtanken plötzlich in einem Flammenmeer – anschließende Untersuchungen ergaben, daß Benetton einen Filter der Tankanlage manipuliert hatte. Und in Spa-Francorchamps wurde Schumacher der Sieg wegen eines Holzbrettes am Unterboden aberkannt. Es war einen Millimeter dünner als vorgeschrieben. Traktionskontrolle, schwarze Flagge, Benzinfilter und Unterboden – Benetton kam aus den Schlagzeilen nicht raus.

Michael brauchte unbedingt eine neue Standortbestimmung. Während seiner Zwei-Rennen-Sperre zog er sich zum Fitness-Bolzen in die Schweiz zurück. Und stand ständig über Handy mit Manager Weber in Verbindung. Der ging dann in die Vollen: Benetton finge an, dem Ruf von Schumacher zu schaden. Webers Ziel war eine Verkürzung des gerade erst verlängerten Vertrages auf eine Laufzeit bis Ende 1995, dafür eine Verdoppelung des Gehaltes. Weber war erfolgreich. Schumacher hatte die langjährige Gewerkschaftsforderung – weniger arbeiten, mehr verdienen – erfolgreich in die Tat umgesetzt. So ging er in die letzten Rennen. Ein Sieg über Hill in Jerez, und eine Niederlage gegen Hill in Suzuka verschoben die Entscheidung auf den letzten Lauf in Adelaide.

Wo Schumacher einen seiner schwersten Fehler beging. Von Hill schwer unter Druck gesetzt, krachte er in die Mauer. Hill, der den Unfall nicht sehen konnte, versuchte Schumacher zu überholen, der aber machte die Tür zu – beide fielen aus.

Weltmeister in zwölf Rennen

Schumacher wurde mit einem Punkt Vorsprung Weltmeister: „Klar, ich hätte lieber das Rennen im Zweikampf mit Hill beendet, trotzdem glaube ich, dass ich den Titel verdient habe. Ich habe Senna in Brasilien geschlagen. Keiner hat dieses Jahr mehr Rennen gewonnen als ich. Und ich musste meine Punkte in nur zwölf Rennen einfahren.“

Siege, die man lange erklären muss, sind keine. Und deswegen ging Michael Schumacher nach der gerade gewonnenen Weltmeisterschaft mit einer ungeheuren Motivation in die Saison 1995. Ein zweiter Titel sollte die Fragezeichen der vorherigen Saison ausradieren.

In Adelaide entschied sich die WM 1994. Nach einer Radberührung f

Pressekonferenz nach der Entscheidung: Weltmeister Schumacher stra

machers Benetton in die Reifenstapel. Aber auch Hills Wagen war beschädigt.

Michael feierte mit seinem Team den ersten Weltmeistertitel.

nfalls der Sieger des Rennens, Nigel Mansell. Der geschockte Vize-Weltmeister Damon Hill hoffte auf eine neue Chance im nächsten Jahr.

1995

Tragisch, dass die neue Saison anfing, wie die alte beendet wurde: Mit üblen Schlagzeilen. In Brasilien standen Schumacher und sein Benetton-Team trotz seines überragenden Sieges im Zentrum eines Benzinskandals – gemeinsam mit Williams.

Viele dachten, dass die Formel 1 nie wieder aus den Negativschlagzeilen herauskommen sollte. Im tagewährenden Gerüchtedschungel ging ganz unter, wie souverän Michael dieses erste Rennen gewann: Mit Ausnahme von David Coulthard im Williams überrundete er das komplette Feld.

Dennoch, Michael war alles andere als zufrieden mit dem neuen B.195. Statt des alten Ford-Achtzylinders röhrte in diesem Jahr der Renault-Zehnzylinder im Benetton – der gleiche Motor wie im Williams. Doch Michael empfand die Symbiose des Supermotors mit dem Benetton-Chassis nur als bedingt konkurrenzfähig: „Der Wagen benimmt sich absolut unvorhersehbar. Nicht ich fahre das Auto, sondern das Auto mich", schimpfte Schumacher.

Um so höher war einzustufen, dass Michael es schaffte, das Ruder herumzuwerfen. Insgesamt neun Siege konnte der Benetton-Pilot erringen. Der Sieg auf dem Hockenheimring – sein

Märchenhochzeit auf dem Petersberg: Am 5. August 1995 heiratete Michael seine Corinna. Am Tag danach kündigte er bei Benetton.

Freudenhüpfer: Im japanischen Aida wurde Michael zum Doppelweltmeister. Dafür strapazierte Flavio Briatore gern seine Bandscheiben.

Triumphszene: Auf dem Nürburgring drängte sich ein entfesselt fahrender Schumacher an Alesis Ferrari vorbei. 100.000 feierten ihn.

Zu neuen Ufern: Nach dem Großen Preis von Japan warf Michael einen letzten Blick auf den Benetton seines Teamkollegen Johnny Herb

großer Traum – war der emotionalste. Der erste Platz in Spa war der überraschendste: Nach Wetter- und Getriebekapriolen im Qualifying war Michael nur von Platz 16 gestartet – eine Stunde und 36 Minuten später sah er als erster die Zielflagge.

Ein Meisterstück aus Taktik, Fahrzeugbeherrschung und Wagemut war sein Triumph beim Großen Preis von Europa auf dem Nürburgring – ein brillant geschriebenes Kapitel Motorsportgeschichte. Als Michael sich unter tosendem Applaus der 100.000 Zuschauer am führenden Alesi vorbeidrängte, zollte sogar der abgeflogene Damon Hill vom Pistenrand aus Beifall. Beim nächsten Rennen in Aida nahm Michael mit einem weiteren Sieg Hill die letzte theoretische Chance auf den Titel: Drei Läufe vor Schluss stand er als Weltmeister 1995 fest. Am Saisonende hatte er stolze 33 Punkte Vorsprung auf Damon Hill.

Alle Kritiker verstummten

Michael Schumacher war der jüngste Doppelweltmei-

zwei Weltmeistertiteln im Gepäck verließ der beste Rennfahrer der neunziger Jahre Flavio Briatores Stall. Zugabe: der Konstrukteurstitel.

ster aller Zeiten, seine Triumphfahrten der Saison 1995 ließen alle Kritiker verstummen. Sein Einsatz und seine Geschicklichkeit sicherten Benetton den ersten Konstrukteurstitel der Teamgeschichte. In den viereinhalb Jahren der gemeinsamen Zusammenarbeit hatte er all seine Teamkollegen – Nelson Piquet, Martin Brundle, Riccardo Patrese, JJ Lehto, Jos Verstappen und Johnny Herbert – bis zur Unerträglichkeit vorgeführt. Wohin man auch blickte, weit und breit war seit Ayrton Sennas Tod keine Fahrerpersönlichkeit zu erspähen, an der sich Schumacher hätte messen können.

Wenn Schumacher sich weiterentwickeln wollte, musste er sich selber fordern. „Ich brauche eine neue Motivation", ließ er seinen Manager Willi Weber Mitte der Saison wissen. Der hörte die Signale und stellte die Weichen. Was vor gerade einmal vier Jahren in der Villa d'Este am Comer See begann, wurde nur wenige Kilometer weiter – in Maranello – fortgesetzt: Die Erfolgsstory des Kerpeners Michael Schumacher.

MICHAELS BENETTON-JAHRE

Gleich in seiner ersten vollen Saison schlug Michael Schumacher den dreifachen Weltmeister Ayrton Senna. Damit wurde deutlich, dass in der Formel 1 eine neue Ära begonnen hatte. Das Duell der Giganten dauerte nicht lange – Ayrton Senna verunglückte 1994. Für Michael Schumacher gab es keinen gleichwertigen Gegner mehr. 1996 suchte er eine neue Herausforderung.

Ergebnisse 1991

25.8., Belgien (Spa-Francorchamps)
Pole: Senna (BR), McLaren-Honda
1. Senna (BR), McLaren-Honda
2. Berger (A), McLaren-Honda
3. Piquet (BR), Benetton-Ford
Schumacher (D): Ausfall, 1. Runde

8.9., Italien (Monza)
Pole: Senna (BR), McLaren-Honda
1. Mansell (GB), Williams-Renault
2. Senna (BR), McLaren-Honda
3. Prost (F), Ferrari
5. Schumacher (D), Benetton-Ford

22.9., Portugal (Estoril)
Pole: Patrese (I), Williams-Renault
1. Patrese (I), Williams-Renault
2. Senna (BR), McLaren-Honda
3. Alesi (F), Ferrari
6. Schumacher (D), Benetton-Ford

29.9., Spanien (Granollers)
Pole: Berger (A), McLaren-Honda
1. Mansell (GB), Williams-Renault
2. Prost (F), Ferrari
3. Patrese (I), Williams-Renault
6. Schumacher (D), Benetton-Ford

20.10., Japan (Suzuka)
Pole: Berger (A), McLaren-Honda
1. Berger (A), McLaren-Honda
2. Senna (BR), McLaren-Honda
3. Patrese (I), Williams-Renault
Schumacher (D): Ausfall, 35.Runde

3.11., Australien (Adelaide)
Pole: Senna (BR), McLaren-Honda
1. Senna (BR), McLaren-Honda
2. Mansell (GB), Williams-Renault
3. Berger (A), McLaren-Honda
Schumacher (D), Unfall, 6.Runde

Fahrer-WM

1. Ayrton Senna (BR), McLaren-Honda	96
2. Nigel Mansell (GB), Williams-Renault	72
3. Riccardo Patrese (I), Williams-Renault	53
4. Gerhard Berger (A), McLaren-Honda	43
5. Alain Prost (F), Ferrari	34
6. Nelson Piquet (BR), Benetton-Ford	26,5
7. Jean Alesi (F), Ferrari	21
8. Stefano Modena (I), Tyrrell-Honda	10
9. Andrea de Cesaris (I), Jordan-Ford	9
10. Roberto Moreno (BR), Minardi-Ferrari	8
11. Pierluigi Martini (I), Minardi-Ferrari	6
12. JJ Lehto (FIN), Dallara-Judd	4
Bertrand Gachot (B), Jordan-Hart	4
Michael Schumacher (D), Benetton-Ford	4
15. Mika Häkkinen (FIN), Lotus-Judd	2
Martin Brundle (GB), Brabham-Yamaha	2
Satoru Nakajima, (J), Tyrrell-Honda	2
18. Julian Bailey (GB), Lotus-Judd	1
Eric Bernard (F), Lola-Ford	1
Ivan Capelli (I), Leyton-House-Ilmor	1
Aguri Suzuki (J), Lola-Ford	1
Emanuelle Pirro (I), Dallara-Judd	1
Mark Blundell (GB), Brabham-Yamaha	1
24. Gianni Morbidelli (I), Ferrari	0,5

Konstrukteurs-WM

1. McLaren-Honda (139), 2. Williams-Renault (125), Ferrari (55,5), 3. Benetton-Ford (38,5), 4. Jordan-Ford (13), 5. Tyrrell-Honda (12), 6. Minardi-Ferrari (6), 7. Dallara-Judd (5), 8. Lotus-Judd, Brabham-Yamaha (je 3), 10. Lola-Ford (2), 11. Leyton House-Ilmor (1)

Ergebnisse 1992

1.3., Südafrika (Kyalami)
Pole: Mansell (GB), Williams-Renault
1. Mansell (GB), Williams-Renault
2. Patrese (I), Williams-Renault
3. Senna (BR), McLaren-Honda
4. Schumacher (D), Benetton-Ford

22.3., Mexiko (Mexiko-City)
Pole: Mansell (GB), Williams-Renault
1. Mansell (GB), Williams-Renault
2. Patrese (I), Williams-Renault
3. Schumacher (D), Benetton-Ford

5.4., Brasilien (Sao Paulo)
Pole: Mansell (GB), Williams-Renault
1. Mansell (GB), Williams-Renault
2. Patrese (I), Williams-Renault
3. Schumacher (D), Benetton-Ford

3.5., Spanien (Barcelona)
Pole: Mansell (GB), Williams-Renault
1. Mansell (GB), Williams-Renault
2. Schumacher (D), Benetton-Ford
3. Alesi (F), Ferrari

17.5., San Marino (Imola)
Pole: Mansell (GB), Williams-Renault
1. Mansell (GB), Williams-Renault
2. Patrese (I), Williams-Renault
3. Senna (BR), McLaren-Honda
Schumacher: Unfall, 21. Runde

31.5., Monaco (Monte Carlo)
Pole: Mansell (GB), Williams-Renault
1. Senna (BR), McLaren-Honda
2. Mansell (GB), Williams-Renault
3. Patrese (I), Williams-Renault
4. Schumacher (D), Benetton-Ford

14.6., Kanada (Montreal)
Pole: Senna (BR), McLaren-Honda
1. Berger (A), McLaren-Honda
2. Schumacher (D), Benetton-Ford
3. Alesi (F), Ferrari

5.7., Frankreich (Magny-Cours)
Pole: Mansell (GB), Williams-Renault
1. Mansell (GB), Williams-Renault
2. Patrese (I), Williams-Renault
3. Brundle (GB), Benetton-Ford
Schumacher: Unfall, 18. Runde

12.7., England (Silverstone)
Pole: Mansell (GB), Williams-Renault
1. Mansell (GB), Williams-Renault
2. Patrese (I), Ferrari
3. Brundle (GB), Benetton-Ford
4. Schumacher (D), Benetton-Ford

26.7., Deutschland (Hockenheim)
Pole: Mansell (GB), Williams-Renault
1. Mansell (GB), Williams-Renault
2. Senna (BR), McLaren-Honda
3. Schumacher (D), Benetton-Ford

16.8., Ungarn (Budapest)
Pole: Patrese (I), Williams-Renault
1. Senna (BR), McLaren-Honda
2. Mansell (GB), Williams-Renault
3. Berger (A), McLaren-Honda
Schumacher: Heckflügel def., 64. Runde

30.8., Belgien (Spa)
Pole: Mansell (GB), Williams-Renault
1. Schumacher (D), Benetton-Ford
2. Mansell (GB), Williams-Renault
3. Patrese (I), Williams-Renault

13.9., Italien (Monza)
Pole: Mansell (GB), Williams-Renault
1. Senna (BR), McLaren-Honda
2. Brundle (GB), Benetton-Ford
3. Schumacher (D), Benetton-Ford

27.9., Portugal (Estoril)
Pole: Mansell (GB), Williams-Renault
1. Mansell (GB), Williams-Renault
2. Berger (A), McLaren-Honda
3. Senna (BR), McLaren-Honda
7. Schumacher (D), Benetton-Ford

25.10., Japan (Suzuka)
Pole: Mansell (GB), Williams-Renault
1. Patrese (I), Williams-Renault
2. Berger (A), McLaren-Honda
3. Brundle (GB), Benetton-Ford
Schumacher: Getriebe, 14. Runde

8.11., Australien (Adelaide)
Pole: Mansell (GB), Williams-Renault
1. Berger (A), McLaren-Honda
2. Schumacher (D), Benetton-Ford
3. Brundle (GB), Benetton-Ford

Fahrer-WM

1. Nigel Mansell (GB), Williams-Renault	108
2. Riccardo Patrese (I), Williams-Renault	56
3. Michael Schumacher (D), Benetton-Ford	53
4. Ayrton Senna (BR), McLaren-Honda	50
5. Gerhard Berger (A), McLaren-Honda	49
6. Martin Brundle (GB), Benetton-Ford	38
7. Jean Alesi (F), Ferrari	18
8. Mika Häkkinen (FIN), Lotus-Ford	11
9. Andrea de Cesaris (I), Tyrrell-Ilmor	8
10. Michele Alboreto (I), Footwork-Mugen	6
11. Erik Comas (F), Ligier-Renault	4
12. Karl Wendlinger (A), March-Ilmor	3
Ivan Capelli (I), Ferrari	3
14. Thierry Boutsen (B), Ligier-Renault	2
Pierluigi Martini (I), Dallara-Ferrari	2
Johnny Herbert (GB), Lotus-Ford	2
17. Stefano Modena (I), Jordan-Yamaha	1
Bertrand Gachot (B), Venturi-Lamborghini	1
Christian Fittipaldi (BR), Minardi-Lamborghini	1

Konstrukteurs-WM

1. Williams-Renault (164), 2. McLaren-Honda (99), 3. Benetton-Ford (91), 4. Ferrari (21), 5. Lotus-Ford (13), 6. Tyrrell (8), 7. Ligier-Renault, Footwork-Mugen (je 6), 9. March-Ilmor (3), 10. Dallara-Ferrari (2), 11. Minardi-Lamborghini, Jordan-Yamaha, Venturi-Lamborghini (je 1)

Ergebnisse 1993

14.3., Südafrika (Kyalami)
Pole: Prost (F), Williams-Renault
1. Prost (F), Williams-Renault
2. Senna (BR), McLaren-Ford
3. Blundell (GB), Ligier-Renault
Schumacher: Kollision, 40. Runde

28.3., Brasilien (São Paulo)
Pole: Prost (F), Williams-Renault
1. Senna (BR), McLaren-Ford
2. Hill (GB), Williams-Renault
3. Schumacher (D), Benetton-Ford

11.4., Europa (Donington)
Pole: Prost (F), Williams-Renault
1. Senna (BR), McLaren-Ford
2. Hill (GB), Williams-Renault
3. Prost (F), Williams-Renault
Schumacher: Dreher, 23.Runde

25.4., San Marino (Imola)
Pole: Prost (F), Williams-Renault
1. Prost (F), Williams-Renault
2. Schumacher (D), Benetton-Ford
3. Brundle (GB), Ligier-Renault

9.5., Spanien (Barcelona)
Pole: Prost (F), Williams-Renault
1. Prost (F), Williams-Renault
2. Senna (BR), McLaren-Ford
3. Schumacher (D), Benetton-Ford

23.5., Monaco (Monte Carlo)
Pole: Prost (F), Williams-Renault
1. Senna (BR), McLaren-Ford
2. Hill (GB), Williams-Renault
3. Alesi (F), Ferrari
Schumacher: Hydraulik, 33.Runde

13.6., Kanada (Montreal)
Pole: Prost (F), Williams-Renault
1. Prost (F), Williams-Renault
2. Schumacher (D), Benetton-Ford
3. Hill (GB), Williams-Renault

4.7., Frankreich (Magny-Cours)
Pole: Hill (GB), Williams-Renault
1. Prost (F), Williams-Renault
2. Hill (GB), Williams-Renault
3. Schumacher (D), Benetton-Ford

11.7., England (Silverstone)
Pole: Prost (F), Williams-Renault
1. Prost (F), Williams-Renault
2. Schumacher (D), Benetton-Ford
3. Patrese (I), Benetton-Ford

25.7., Deutschland (Hockenheim)
Pole: Prost (F), Williams-Renault
1. Prost (F), Williams-Renault
2. Schumacher (D), Benetton-Ford
3. Blundell (GB), Ligier-Renault

15.8., Ungarn (Budapest)
Pole: Prost (F), Williams-Renault
1. Hill (GB), Williams-Renault
2. Patrese (I), Benetton-Ford
3. Berger (A), Ferrari
Schumacher: Benzin-Druck, 27. Runde

29.8., Belgien (Spa)
Pole: Prost (F), Williams-Renault
1. Hill (GB), Williams-Renault
2. Schumacher (D), Benetton-Ford
3. Prost (F), Williams-Renault

12.9., Italien (Monza)
Pole: Prost (F), Williams-Renault
1. Hill (GB), Williams-Renault
2. Alesi (F), Ferrari
3. Andretti (USA), McLaren-Ford
Schumacher: Motor, 22.Runde

26.9., Portugal (Estoril)
Pole: Hill (GB), Williams-Renault
1. Schumacher (D), Benetton-Ford
2. Prost (F), Williams-Renault
3. Hill (GB), Williams-Renault

24.10., Japan (Suzuka)
Pole: Prost (F), Williams-Renault
1. Senna (BR), McLaren-Ford
2. Prost (F), Williams-Renault
3. Häkkinen (FIN), McLaren-Ford
Schumacher: Unfall, 11.Runde

7.11., Australien (Adelaide)
Pole: Senna (BR), McLaren-Ford
1. Senna (BR), McLaren-Ford
2. Prost (F), Williams-Renault
3. Hill (GB), Williams-Renault
Schumacher: Motor, 20.Runde

Fahrer-WM

1. Alain Prost (F), Williams-Renault	99
2. Ayrton Senna (BR), McLaren-Ford	73
3. Damon Hill (GB), Williams-Renault	69
4. Michael Schumacher (D), Benetton-Ford	52
5. Riccardo Patrese (I), Benetton-Ford	20
6. Jean Alesi (F), Ferrari	16
7. Martin Brundle (GB), Ligier-Renault	13
8. Gerhard Berger (A), Ferrari	12
9. Johnny Herbert (GB), Lotus-Ford	11
10. Mark Blundell (GB), Ligier-Renault	10
11. Michaell Andretti (USA), McLaren-Ford	7
Karl Wendlinger (A), Sauber	7
13. JJ Lehto (FIN), Sauber	5
Christian Fittipaldi (BR), Minardi-Ford	5
15. Mika Häkkinen (FIN), McLaren-Ford	4
Derek Warwick (GB), Footwork-Mugen	4
17. Rubens Barrichello (BR), Jordan-Hart	2
Philippe Alliot (F), Larrousse-Lamborghini	2
Fabrizio Barbazza (I), Minardi-Ford	2
20. Erik Comas (F), Larrousse-Lamborghini	1
Alessandro Zanardi (I), Lotus-Ford	1
Eddie Irvine (GB), Jordan-Hart	1

Konstrukteurs-WM

1. Williams-Renault (168), 2. McLaren-Ford (84), 3. Benetton-Ford (72), 4. Ferrari (28), 5. Ligier-Renault (23), 6. Lotus-Ford (12), 7. Sauber (12), 8. Minardi-Ford (7), 9. Footwork-Mugen Honda (4), 10. Jordan-Hart, Larrousse-Lamborghini (je 3), 12. Lola BMS-Ferrari, Tyrrell-Yamaha (je 0)

Ergebnisse 1994

27.3., Brasilien (São Paulo)
Pole: Senna (BR), Williams-Renault
1. Schumacher (D), Benetton-Ford
2. Hill (GB), Williams-Renault
3. Alesi (F), Ferrari

17.4., Pacific (Aida)
Pole: Senna (BR), Williams-Renault
1. Schumacher (D), Benetton-Ford
2. Berger (A), Ferrari
3. Barrichello (BR), Jordan-Hart

1.5., San Marino (Imola)
Pole: Senna (BR), Williams-Renault
1. Schumacher (D), Benetton-Ford
2. Larini (I), Ferrari
3. Häkkinen (FIN), McLaren-Peugeot

15.5., Monaco (Monte Carlo)
Pole:
Schumacher (D), Benetton-Ford
1. Schumacher (D), Benetton-Ford
2. Brundle (GB), McLaren-Peugeot
3. Berger (A), Ferrari

29.5., Spanien (Barcelona)
Pole:
Schumacher (D), Benetton-Ford
1. Hill (GB), Williams-Renault
2. Schumacher (D) Benetton-Ford
3. Blundell (GB), Tyrrell-Yamaha

12.6., Kanada (Montreal)
Pole:
Schumacher (D), Benetton-Ford
1. Schumacher (D), Benetton-Ford
2. Hill (GB), Williams-Renault
3. Alesi (F), Ferrari

3.7., Frankreich (Magny-Cours)
Pole: Hill (GB), Williams-Renault
1. Schumacher (D), Benetton-Ford
2. Hill (GB), Williams-Renault
3. Berger (A), Ferrari

10.7., England (Silverstone)
Pole: Hill (GB),Williams-Renault
1. Hill (GB), Williams-Renault
2. Schumacher (D), Benetton-Ford
3. Alesi (F), Ferrari
Schumacher: nachträglich disqualifiziert

31.7., Deutschland (Hockenheim)
Pole: Berger (A), Ferrari
1. Berger (A), Ferrari
2. Panis (F), Ligier-Renault
3. Bernard (F) Ligier-Renault
Schumacher: Motor, 21.Runde

14.8., Ungarn (Mogyorod)
Pole:
Schumacher (D), Benetton-Ford
1. Schumacher (D), Benetton-Ford
2. Hill (GB), Williams-Renault
3. Verstappen (NL), Benetton-Ford

28.8., Belgien (Spa)
Pole: Barrichello (I), Jordan-Hart
1. Hill (GB), Williams-Renault
2. Häkkinen (FIN), McLaren-Peugeot
3. Verstappen (NL), Benetton-Ford
Schumacher: disqualifiziert

11.9., Italien (Monza)
Pole: Alesi (F), Ferrari
1. Hill (GB), Williams-Renault
2. Berger (A), Ferrari
3. Häkkinen (FIN), McLaren-Peugeot
Schumacher: gesperrt

25.9., Portugal (Estoril)
Pole: Berger (A), Ferrari
1. Hill (GB), Williams-Renault
2. Coulthard (GB), Williams-Renault
3. Häkkinen (FIN), McLaren-Peugeot
Schumacher: gesperrt

16.10., Europa (Jerez)
Pole:
Schumacher (D), Benetton-Ford
1. Schumacher (D), Benetton-Ford
2. Hill (GB), Williams-Renault
3. Häkkinen (FIN), McLaren-Peugeot

6.11., Japan (Suzuka)
Pole:
Schumacher (D), Benetton-Ford
1. Hill (GB), Williams-Renault
2. Schumacher (D), Benetton-Ford
3. Alesi (F), Ferrari

13.11., Australien (Adelaide)
Pole: Mansell (GB), Williams-R.
1. Mansell (GB), Williams-Renault
2. Berger (A), Ferrari
3. Brundle (GB), McLaren-Peugeot
Schumacher: Unfall, 36.Runde

Fahrer-WM

1. Michael Schumacher (D), Benetton-Ford	92
2. Damon Hill (GB), Williams-Renault	91
3. Gerhard Berger (A), Ferrari	41
4. Mika Häkkinen (FIN), McLaren-Peugeot	26
5. Jean Alesi (F), Ferrari	24
6. Rubens Barrichello (BR), Jordan-Hart	19
7. Martin Brundle (GB), McLaren-Peugeot	16
8. David Coulthard (GB), Williams-Renault	14
9. Nigel Mansell (GB), Williams-Renault	13
10. Jos Verstappen (NL), Benetton-Ford	10
11. Olivier Panis (F), Ligier-Renault	9
12. Mark Blundell (GB), Tyrrell-Yamaha	8
13. Heinz-Harald Frentzen (D), Sauber-Mercedes	7
14. Nicola Larini (I), Ferrari	6
Christian Fittipaldi (BR), Arrows-Ford	6
Eddie Irvine (GB), Jordan-Hart	6
17. Ukyo Katayama (J), Tyrrell-Yamaha	5
18. Eric Bernard (F), Ligier-Renault	4
Karl Wendlinger (A), Sauber-Mercedes	4
Andrea de Cesaris (I), Jordan-Hart	4
Pierluigi Martini (I), Minardi-Ford	4
22. Gianni Morbidelli (I), Arrows-Ford	3
23. Erik Comas (F), Larrousse-Ford	2
24. Michele Alboreto (I), Minardi-Ford	1
JJ Lehto (FIN), Benetton-Ford	1

Konstrukteurs-WM

1. Williams-Renault (118), 2. Benetton-Ford (103), 3. Ferrari (71), 4. McLaren-Peugeot (42), 5. Jordan-Hart (28), 6. Tyrrell-Yamaha, Ligier-Renault (je 13), 8. Sauber-Mercedes (12), 9. Arrows-Ford (9), 10. Minardi-Ford (5), 11. Larrousse-Ford (2)

Ergebnisse 1995

26.3., Brasilien (São Paulo)
Pole: Hill (GB), Williams-Renault
1. Schumacher (D), Benetton-Renault
2. Coulthard (GB), Williams-Renault
3. Berger (A), Ferrari

9.4., Argentinien (Buenos Aires)
Pole:
Coulthard (GB), Williams-Renault
1. Hill (GB), Williams-Renault
2. Alesi (F), Ferrari
3. Schumacher (D), Benetton-Renault

30.4., San Marino (Imola)
Pole:
Schumacher (D), Benetton-Renault
1. Hill (GB), Williams-Renault
2. Alesi (F), Ferrari
3. Berger (A), Ferrari
Schumacher: Unfall 11. Runde

14.5., Spanien (Barcelona)
Pole:
Schumacher (D), Benetton-Renault
1. Schumacher (D), Benetton-Renault
2. Herbert (GB), Benetton-Renault
3. Berger (A), Ferrari

28.5., Monaco (Monte Carlo)
Pole: Hill (GB), Williams-Renault
1. Schumacher (D), Benetton-Renault
2. Hill (GB), Williams-Renault
3. Berger (A), Ferrari

11.6., Kanada (Montreal)
Pole:
Schumacher (D), Benetton-Renault
1. Alesi (F), Ferrari
2. Barrichello (BR), Jordan-Peugeot
3. Irvine (GB), Jordan-Peugeot
5. Schumacher (D), Benetton-Renault

2.7., Frankreich (Magny-Cours)
Pole: Hill (GB), Williams-Renault
1. Schumacher (D), Benetton-Renault
2. Hill (GB), Williams-Renault
3. Coulthard (GB), Williams-Renault

16.7., England (Silverstone)
Pole: Hill (GB), Williams-Renault
1. Herbert (GB), Benetton-Renault
2. Alesi (F), Ferrari
3. Coulthard (GB), Williams-Renault
Schumacher: Unfall 46. Runde

30.7., Deutschland (Hockenheim)
Pole: Hill (GB), Williams-Renault
1. Schumacher (D), Benetton-Renault
2. Coulthard (GB), Williams-Renault
3. Berger (A), Ferrari

13.8., Ungarn (Budapest)
Pole: Hill (GB), Williams-Renault
1. Hill (GB), Williams-Renault
2. Coulthard (GB), Williams-Renault
3. Berger (A), Ferrari
11. Schumacher (D), Benetton-Renault Benzinpumpe defekt

27.8., Belgien (Spa)
Pole: Berger (A), Ferrari
1. Schumacher (D), Benetton-Renaul
2. Hill (GB), Williams-Renault
3. Brundle (GB), Ligier-Mugen-Honda

10.9., Italien (Monza)
Pole:
Coulthard (GB), Williams-Renault
1. Herbert (GB), Benetton-Renault
2. Häkkinen (FIN), McLaren-Mercedes
3. Frentzen (D), Sauber-Ford
Schumacher: Unfall 24. Runde

24.9., Portugal (Estoril)
Pole:
Coulthard (GB), Williams-Renault
1. Coulthard (GB), Williams-Renault
2. Schumacher (D), Benetton-Renault
3. Hill (GB), Williams-Renault

1.10., Europa (Nürburg)
Pole:
Coulthard (GB), Williams-Renault
1. Schumacher (D), Benetton-Renault
2. Alesi (F), Ferrari
3. Coulthard (GB), Williams-Renault

22.10., Pazifik (Aida)
Pole:
Coulthard (GB), Williams-Renault
1. Schumacher (D), Benetton-Renault
2. Coulthard (GB), Williams-Renault
3. Hill (GB), Williams-Renault

29.10., Japan (Suzuka)
Pole:
Schumacher (D), Benetton-Renault
1. Schumacher (D), Benetton-Renault
2. Häkkinen (FIN), McLaren-Mercedes
3. Herbert (GB), Benetton-Renault

12.11., Australien (Adelaide)
Pole: Hill (GB), Williams-Renault
1. Hill (GB), Williams-Renault
2. Panis (F), Ligier-Mugen-Honda
3. Morbidelli (I), Arrows-Hart
Schumacher: Aufhängungsschaden nach Unfall, 26. Runde

Fahrer-WM

1. Michael Schumacher (D), Benetton-Renault	102
2. Damon Hill (GB), Williams-Renault	69
3. David Coulthard (GB), Williams-Renault	49
4. Johnny Herbert (GB), Benetton-Renault	45
5. Jean Alesi (F), Ferrari	42
6. Gerhard Berger (A), Ferrari	31
7. Mika Häkkinen (FIN), McLaren-Mercedes	17
8. Olivier Panis (F), Ligier-Mugen-Honda	16
9. Heinz-Harald Frentzen (D), Sauber-Ford	15
10. Mark Blundell (GB), McLaren-Mercedes	13
11. Rubens Barrichello (BR), Jordan-Peugeot	11
12. Eddie Irvine (GB), Jordan-Peugeot	10
13. Martin Brundle (GB), Ligier-Mugen-Honda	7
14. Gianni Morbidelli (I), Arrows-Hart	5
Mika Salo (FIN), Tyrrell-Yamaha	5
16. Jean-Christophe Boullion (F), Sauber-Ford	3
17. Pedro Lamy (P), Minardi-Ford	1
Aguri Suzuki (J), Ligier-Mugen-Honda	1

Konstrukteurs-WM

1. Benetton-Renault (137) 2. Williams-Renault (112) 3. Ferrari (73) 4. McLaren-Mercedes (30) 5. Ligier-Mugen-Honda (24) 6. Jordan-Peugeot (21) 7. Sauber-Ford (18) 8. Arrows-Hart, Tyrrell-Yamaha (je 5) 10. Minardi (1)

DIE TEAM-KOLLEGEN BEI BENETTON

1991

Nelson Piquet (BRA), geb. 1952
Seit 1978 in der Formel 1 (Ensign, McLaren, Brabham, Williams, Lotus)
Vor Schumacher: 198 GP, 23 Siege, 475,5 P., WM 81,83,87
Neben Schumacher: 6 GP, 10 P.
Jahresbilanz Schumacher:
6 GP, 4 Punkte

1992

Martin Brundle (GB), geb. 1959
Seit 1984 in der Formel 1 (Tyrrell, Zakspeed, Williams, Brabham)
Vor Schumacher: 83 GP, 16 P.
Neben Schumacher: 16 GP, 38 P., Sechster der Fahrer-WM
Jahresbilanz Schumacher:
16 GP, 53 Punkte, 1 Sieg, Dritter der Fahrer-WM

1993

Riccardo Patrese (I), geb. 1954
Seit 1977 in der Formel 1 (Arrows, Brabham, Alfa Romeo, Williams)
Vor Schumacher: 240 GP, 6 Siege, 261 Punkte
Neben Schumacher: 16 GP, 20 Punkte, Fünfter der Fahrer-WM
Jahresbilanz Schumacher:
16 GP, 52 P., 1 Sieg, Vierter der Fahrer-WM

1994

Jos Verstappen (NL), geb. 1972
Formel-1-Debut
Neben Schumacher:
10 GP, 10 Punkte, Zehnter der Fahrer-WM

JJ Lehto (FIN), geb. 1966
Seit 1989 in der Formel 1 (Onyx, Dallara, Sauber)
Vor Schumacher: 54 GP, 9 P.
Neben Schumacher:
1 P. in 6 Rennen

Außerdem fuhr Johnny Herbert die beiden letzten GP für Benetton – ohne Punkte.

Jahresbilanz Schumacher:
92 Punkte in 14 Rennen, 8 Siege, Weltmeister

1995

Johnny Herbert (GB) geb. 1964
Seit 1989 in der Formel 1 (Benetton, Tyrrell, Lotus)
Vor der Saison: 63 GP, 18 P.
Neben Schumacher:
17 GP, 45 P., 2 Siege, Vierter der Fahrer-WM
Jahresbilanz Schumacher: 17 GP, 102 Punkte, 9 Siege, Weltmeister

TEAM-WECHSEL

Der Deutsche im Benetton war 1995 nahezu unschlagbar. Schon während der Saison suchte er ein neues Team, eine neue Herausforderung. Er hatte die Wahl: Alle Topteams wollten ihn.

Schumachers Manager Willi Weber war vor Glück ganz hibbelig: „Es ist wunderbar. Wir sitzen zu Hause und sehen zu, wie uns die Angebote in den Briefkasten flattern." Im Juni 1995, beim Großen Preis von Kanada, erreichte die Gerüchtelage einen ersten Höhepunkt. Die Szene diskutierte angestrengt, wohin sich Schumacher orientieren könnte.

Zu McLaren-Mercedes? Mercedes träumte seit seligen Sportwagenzeiten davon, Michael Schumacher als Fahrer zu gewinnen. Doch Mercedes-Motorsportchef Norbert Haug wusste: „Einen Schumacher kriegen wir für 1996 nur, wenn 1995 unsere Leistungen stimmen."

Taten sie aber nicht. Das Chassis war Schnitt, der Motor schwächer als der Renault. Weber vernichtend kurz: „Mercedes ist kein Thema mehr."

Was war mit Williams? Konstrukteur und Williams-Teilhaber Patrick Head äußerte ganz spezielle Ansichten: „Ich stecke das Geld lieber in meine Autos als in teure Fahrer." Auf diesem Ohr war Michael genauso taub wie sein Manager Weber.

Natürlich wollte auch Benetton seinen Star Schumacher ein weiteres Jahr halten. Man setzte auf Michaels konservative Lebensart. Nichts schätzt er so sehr wie eine gewohnte Umgebung.

Schließlich Ferrari. Vorteil Nummer eins: Nirgend-

wo wird besser bezahlt. Vorteil Nummer zwei: Nirgendwo wird besser bezahlt. Und Vorteil Nummer drei: Nirgendwo wird besser bezahlt.

Besonders die Zigarettendreher Marlboro drängten auf eine Verpflichtung des Deutschen. Seit Jahren pumpten sie Geld in Richtung McLaren und Ferrari und erhielten dafür gerade einmal zwei Siege geschenkt. Klagte ein deutscher Marlboro-Mann: „Auf den Bildern, die wir in den Zeitungen sehen, steht entweder Rothmans oder Mild Seven."

Hinter den Kulissen baggerte Ferrari ohne Ende am Weltmeister. Langsam sickerte durch, in welchen unzimperlichen Größenordnungen sich die Gehaltsvorstellungen von Willi Weber bewegten: 25 Millionen! Nicht Lira. Nicht Deutschmark. Sondern US-Dollar! Ferrari dachte zunächst sparsam an 15.

Bei Williams schüttelte man in Anbetracht der geforderten 25 Millionen Dollar nur noch den Kopf. Patrick Head schmallippig: „Der Wahnsinn muss ein Ende haben."

Hatte er auch: Am 6. August 1995, am Morgen nach seiner Hochzeit mit Corinna, teilte Michael Teamchef Flavio Briatore mit, dass er zum Ende der Saison Benetton in Richtung Scuderia verlassen würde. Briatore verkniffen: „Michael wird bei Ferrari viel über das Leben lernen."

Der Vertrag lief über zwei Jahre. Die 25 Millionen Dollar wurden danach auf 35 Millionen aufgestockt. Michael durfte sich, um die Angst vor der Sozialhilfe endgültig zu bannen, noch einige persönliche Sponsoren suchen. Weil Ferrari vergaß, einen festen Wechselkurs zu fixieren, profitierte der Deutsche im WM-Jahr 2000 auch noch vom heftig steigenden Dollar.

Über allem wachte Bernie Ecclestone. Der Formel-1-Boss ist davon überzeugt: Eine starke Formel 1 braucht eine starke Ferrari-Truppe. Dass die Autos noch nicht konkurrenzfähig waren, kam dem Spannungselement entgegen und der alten Ecclestone-Regel: Den besten Fahrer nie ins beste Auto.

Nachdem alles in trockenen Tüchern war, klang Bernie sehr erleichtert: „Ich gebe zu, dass ich Michael gern bei Ferrari haben wollte."

Eddie Irvine

„Ein Vollidiot" – so urteilte Ayrton Senna über Irvine, als der Neuling ihn 1993 in seinem allerersten Formel-1-Rennen überholte. Auch viele andere Fahrer hatten Probleme mit dem hitzköpfigen Sohn eines nordirischen Autohändlers. Michael Schumacher kam ganz gut mit ihm zurecht – Eddie hatte sich mit der vertraglich festgelegten Nummer-Zwei-Rolle arrangiert. Immer wieder unterstützte er Schumacher, indem er hartnäckige Verfolger stur einbremste. Jacques Villeneuve drohte ihm deshalb sogar Prügel an.

Der zweijährige Ferrari-Vertrag von 1996 wurde zweimal verlängert. 1999 wurde Eddie unverhofft zum Siegertyp. Er gewann das erste Rennen und in der zweiten Saisonhälfte drei weitere. Ersatzmann Mika Salo und der vom Beinbruch genesene Michael Schumacher winkten ihn vor der Ziellinie vorbei, als Eddie unversehens Titelchancen bekam. Immerhin beendete er das Jahr, in dem Michael streckenweise ausfiel, als Vize-Weltmeister hinter Mika Häkkinen.

Aber da hatte er längst bei Ferrari gekündigt. Das Jaguar-Team köderte ihn für 2000 mit einem 12-Millionen-Dollar-Vertrag. Von Jaguar – bis dahin unter dem Namen Stewart unterwegs – kam Rubens Barrichello zu Ferrari.

Fakten

Geboren am 10. Nov. 1965 in Newtownsard/Nordirland
Nationalität: Brite (Nordire)
Wohnsitz: Dublin/Irland
Größe: 178 cm, Gewicht: 75 kg
Familienstand: ledig
Hobbies: Angeln, Golf, Schwimmen
Einkommen (2000): 12 Mio US-Dollar

Karriere

1983-84	Irische Formel Ford 1600
1985-87	Britische Formel Ford 1600 (87: Meister) Sieger Formel-Ford-Festival Brands Hatch
1988	Brit. Formel 3, 5. Rang; Formel-3-GP Macao: Sieger 1. Lauf
1989-90	Formel-3000-EM, (90: 3. Rang)
1991-93	Formel 3000 in Japan (93: 2. Rang)
1993	Formel 1 bei Jordan-Hart, 2 Rennen, 1 Punkt
1994	Formel 1 bei Jordan-Hart, 6 Punkte, 16. Rang (Teamkollege R. Barrichello 19 Punkte)
1995	Formel 1 bei Jordan-Peugeot 10 Punkte, 12. Rang (Teamkollege R. Barrichello 11 Punkte)
1996	Formel 1 bei Ferrari, 11 Punkte, 10. Rang (Teamkollege M. Schumacher 59 Pkte, 3 Siege. 3. Rang)
1997	Formel 1 bei Ferrari, 24 Punkte, 8. Rang (Teamkollege M. Schumacher 78 Pkte, 3 Siege)
1998	Formel 1 bei Ferrari, 47 Punkte, 4. Rang (Teamkollege M. Schumacher 86 Pkte, 6 Siege, 2. Rang)
1999	Formel 1 bei Ferrari, 74 Punkte, 4 Siege, 2. Rang (Teamkollege M. Schumacher 44 Pkte, 2 Siege, 5. Rang)
2000	Formel 1 bei Jaguar, 4 Punkte, 13. Rang (Teamkollege J. Herbert 0 Punkte)

TEAMKOLLEGEN

Beide Teamkollegen, die Michael Schumacher i
1993 beim Jordan-Team – wie der Kerpener zw

Michael und das irische Rauhbein Eddie Irvine waren keine Freunde,

Sie erkämpften für die Scuderia den Konstrukteurstitel 2000: Michael

BEI FERRARI

en ersten fünf Ferrari-Jahren hatte, begannen hre zuvor auch.

amkollegen, die loyal und erfolgreich zusammengearbeitet haben.

Teamkollege Rubens Barrichello und technischer Direktor Ross Brawn.

RUBENS BARRICHELLO

An dem Wochenende 1994, an dem Ayrton Senna in Imola starb, hatte auch Rubens Barrichello einen fürchterlichen Unfall, den er wie durch ein Wunder überlebte. Die brasilianische Nation hofft seither, durch Rubens wieder eine Rolle in der Formel 1 zu spielen – nach insgesamt acht Weltmeistertiteln, die die Brasilianer Fittipaldi, Piquet und Senna ins Land geholt haben. Niki Lauda zählte ihn schon nach acht F1-Rennen 1993 zu den Top-Rennfahrern: „Vor allem im Regen, unter schwierigsten Bedingungen."

Mit Jordan und Stewart hatte Rubens bislang Teams, die nur durch glückliche Umstände siegen konnten. Immerhin bescherte er beiden Teams je eine Pole-Position und einen zweiten Platz.

Rubens, der jünger ist, als er aussieht, gilt als hochsensibler, introvertierter Mensch – ein völlig anderer Typ, als der maulschnelle Playboy Eddie Irvine. Dennoch, den für einen hochmotivierten Rennfahrer nötigen Biss hat er: „Ich bin zu Ferrari nicht als Nummer Zwei gekommen", verkündet er selbstbewusst. „Allenfalls als Nummer 1b." Und schneller als Eddie holte er seinen ersten Ferrari Sieg: Beim Regenrennen von Hockenheim, bei dem Michael ausgefallen war, blieb er mutig auf Trockenreifen und gewann – von Startplatz 18 aus. Kurzfristig rechnete er sich sogar Chancen auf den Titel 2000 aus.

FAKTEN

Geboren am 23. Mai 1972 in São Paulo
Nationalität: Brasilianer
Wohnsitz: São Paulo
Größe: 172 cm, Gewicht: 77 kg
Familienstand: verheiratet mit Sylvana
Hobbies: Jetski, Laufen
Einkommen (2000): 5 Mio US-Dollar

KARRIERE

1981-88	Kart
1989	Brasilianische Formel Ford (4. Rang)
1990	Opel Lotus Euroserie, 1. Rang
1991	Britische Formel-3, (1. Rang)
1992	Formel-3000-EM (3. Rang)
1993	Formel 1 bei Jordan-Hart, 2 Punkte, 17. Rang
1994	Formel 1 bei Jordan-Hart, 19 Punkte, 6. Rang (Teamkollege E. Irvine 6 Punkte)
1995	Formel 1 bei Jordan-Peugeot, 10 Punkte, 12. Rang (Teamkollege E. Irvine 10 Punkte)
1996	Formel 1 bei Jordan-Peugeot, 14 Punkte, 8. Rang (Teamkollege M. Brundle 8 Punkte, 11. Rang)
1997	Formel 1 bei Stewart-Ford, 6 Punkte, 13. Rang (Teamkollege J. Magnussen 0 Punkte)
1998	Formel 1 bei Stewart-Ford, 4 Punkte, 12. Rang (Teamkollegen J. Magnussen 1, J. Verstappen 0 Pkte)
1999	Formel 1 bei Stewart-Ford, 21 Punkte, 7. Rang (Teamkollege J. Herbert 15 Punkte, 1 Sieg, 8. Rang)
2000	Formel 1 bei Ferrari, 62 Punkte, 1 Sieg, 4. Rang (Teamkollege M. Schumacher 108 Punkte, Weltmeister

1996: DAS JAHR

Der 96er Ferrari bremste sich selber ein. Der neue Motor lief zu unruhig, das Chassis war den Williams noch rettungslos unterlegen. Mich

DES AUFBAUS

…macher kam auf drei Siege, aber in den Weltmeisterschaftskampf konnte er in der Saison nie eingreifen.

Michael Schumacher wusste: Der Weltmeistertitel war 1996 außer Reichweite. Er wusste aber auch, dass er die wichtigste Waffe der Scuderia war, um Ferrari aus dem Mittelmaß herauszuholen. Was er mit Benetton geschafft hatte, wollte er mit dem legendären Traditionsteam der Formel 1 ein zweites Mal beweisen. Für 1996 hieß sein Ziel: Mindestens zwei Siege. Danach wollte er den Kampf um den Weltmeistertitel aufnehmen.

Für Ferraristi gibt es keine zwei Meinungen: Der 16. November 1995 war ein historischer Tag. Es war der Tag, an dem der zweifache Weltmeister und Heilsbringer Michael Schumacher offiziell in Maranello seinen Job antrat.

Rund 4500 Fans standen zum Teil schon seit dem frühen Morgen im Freien und harrten des Stars, der seine ersten Proberunden auf der Ferrari-Teststrecke in Fiorano drehen sollte. Die Strecke war abgeriegelt wie ein Hochsicherheitstrakt. Aber das hat einen Ferraristi noch nie abgehalten, eher angespornt. An Telegrafenmasten hingen sie, Starkstromleitungen wurden trotz Stacheldrahtsperre erklommen und

Bäume wie Tribünenplätze gehandelt.

Was bis in den späten Nachmittag nichts brachte. Denn erst einmal besichtigte Michael Schumacher zusammen mit seinem neuen Teamkollegen Eddie Irvine und den Ferrari-Gewaltigen die Produktionsstätten. Michael, man mag es bei dem Ex-Mercedes-, Ex-Ford-, Ex-Renault-Werksfahrer nicht glauben, gab sich beeindruckt: „Es war das erste Mal, dass ich eine Autoproduktion gesehen habe."

Nach Besichtigung der 350 Mitarbeiter starken Sportabteilung ging es mit Rennleiter Jean Todt und Ferrari-Präsident Luca di Montezemolo unverzüglich zur Tat: Tortellini alla panna, scaloppine al tartufo und torta di frutta standen auf dem Programm. 350 akkreditierte Journalisten hofften, dass es den Herren schmecken möge.

Stunden später durfte Michael tatsächlich ins Auto. 17 Runden schaffte er, dann war die Dämmerung schneller als der Weltmeister. Eine Pressekonferenz war für 16.30 Uhr angesetzt. Für Ferrari-Verhältnisse lief der Terminplan generalstabsmäßig ab: Um 18.10 Uhr trat Michael vor die wartenden Journalisten. Er zeigte, dass ihm das ganze Drunter und Drüber sichtlich auf den Zeiger ging: „Ich war nur eingeladen, um die Firma zu besichtigen und um das Auto zu fahren. Von diesem Pressetermin hier hatte ich überhaupt keine Ahnung. Ich bitte um Entschuldigung." Willkommen in Maranello.

Ferrari blieb, wo Chaos anzurichten war, nie auf halbem Wege stehen. In den nächsten Monaten sollte Michael Schumacher rasch begreifen, warum dieses Team trotz eines gewaltigen Budgets in den vergangenen Jahren so gar nichts auf die Beine stellen konnte.

Es gab dafür natürlich viele Schuldige. Einer von ihnen war John Barnard, der englische Konstrukteur von Ferrari. Er überzog wie immer den Terminplan. Im Dezember wollte er den neuen F310 abliefern – fertig war er mit siebenwöchiger Verspätung im Februar. Und statt des versprochenen neuen Autos, das ein Geniestreich sein sollte, kam ein durch und durch mittelmäßiger Wagen heraus.

Neuer V10 Motor

Auch die Motorenbauer standen vor einer schweren Aufgabe. Als einziges Team hatte Ferrari bis zum Vorjahr am V12 festgehalten, den man seit 1989 von Jahr zu Jahr stärker gemacht hatte. 1996 aber wollte man endlich auf die Linie der anderen Teams einschwenken. Ein V10 wurde konstruiert. Normalerweise braucht man für die Konstruktion eines neuen Motors mindestens zweieinhalb Jahre. In Maranello hatte man sich ein Jahr weniger gegönnt.

Weil das neue Chassis fehlte, wurde der Motor zunächst in das 95er Chassis eingebaut. Er lief von Anfang an erstaunlich zuverlässig.

Mitte Februar 1996, wenige Wochen vor dem Saisonstart. Michael testete im südfranzösischen Le Castellet. Die Stimmung entsprach dem mehr als bescheidenen Wetter. Auf den Zeitplan angesprochen, antwortete Schumacher ungewohnt sarkastisch: „Uns kann zur Zeit gar nichts aus dem Zeitplan bringen. Denn wir waren ja noch nie drin."

In der Tat, was sich im Vorfeld zur Saisonpremiere im australischen Melbourne bei den Roten aus Maranello abspielte, war schlimmstes Krisenmanagement. Bei den ersten Fahrten Mitte Februar auf der Ferrari-Teststrecke Fiorano wurde Michael stets nach wenigen Runden gestoppt. Hauptproblem: Ölverlust am Getriebe. Das Getriebegehäuse bestand neben Titan auch aus Kohlefaserteilen. An den harzverklebten Nahtstellen trat Öl aus.

Am Freitag, dem 23. Februar, konnte Michael erstmals sein neues Dienstfahrzeug auf einer regulären Rennstrecke ausprobieren. Kurz vor 16 Uhr startete er den Wagen und blieb nach einigen hundert Metern liegen. Elektrikprobleme. Nach der Reparatur schaffte Schumacher drei Runden, dann streikte die Benzinpumpe.

Ziel: Zwei Siege

Michael erklärte dennoch mutig: „Ich wäre mit zwei Siegen zufrieden!" Was letztendlich genauso viele wären, wie Ferrari in den vergangenen fünf Jahren zusammen eingefahren hatte...

Allerdings: Vor dem Saisonstart konnte Michael in Estoril keine einzige volle Renndistanz fahren. Eddie

Vor dem WM-Auto von 52: Jean

Auf zum ersten Testlauf: Weil das

räsentierte den Hoffnungsträger mit Teamkollege Irvine.

Die Ferrari-Teststrecke in Fiorano entspricht mit 3 km Länge fast einem F1-Kurs.

Chassis nicht fertig geworden war, hatte man den neuen Motor in das Vorjahresauto eingebaut. Der F310 war erst zum GP-Start einsatzbereit.

Irvine ging es mit dem zweiten Wagen in Fiorano nicht besser...

Die Einsatzwagen für Melbourne wurden verpackt. Eines war allen klar: Die Auftaktrennen in Australien, Brasilien und Argentinien – drei Rennen in Übersee innerhalb von fünf Wochen – konnte man komplett vergessen. Was man den Winter über nicht fertiggebracht hatte, würde man im Stress der Überseerennen erst recht nicht hinkriegen.

So kam es denn auch. In Australien konnten die Ferrari das Tempo der favorisierten Williams – mit Damon Hill und Jacques Villeneuve – nicht halten. Der Deutsche fiel in der 33. Runde mit einem Defekt im Bremssystem aus. Immerhin sorgte Eddie Irvine mit seinem dritten Platz für einen roten Farbtupfer auf dem Podest.

Beim zweiten Lauf, in Brasilien, bildete zwar Michael diesen Farbtupfer an gleicher Stelle auf dem Treppchen, aber er zog sein berühmtes langes Gesicht, als für Damon Hill die britische Hymne intoniert wurde. Kein Wunder: Der amtierende Weltmeister mit der stolzen Startnummer 1 auf dem Wagen wurde von Dauerkonkurrent Hill scheinbar mühelos überrundet.

Seinen dritten Sieg in Folge brachte Damon Hill in Argentinien unter Dach und Fach – und schaltete Michael auf ungewöhnliche Weise aus. Der Williams schleuderte ein Metallstück von der Strecke hoch, und das Geschoss zerstörte den Heckflügel an Michaels Ferrari gründlich.

Der langjährige Ferrari-Pilot Gerhard Berger hatte mit Michael das Team getauscht. Insgesamt fünf Sie

Nach drei Rennen hatte Ferrari magere zehn Punkte in der 96er Bilanz – von insgesamt 48 möglichen.

„Uns fehlt im Qualifying eine Sekunde auf die Williams", rechnete Michael vor. „Im Rennen 0,7 Sekunden pro Runde. Es liegt viel Arbeit vor uns."

Schwachpunkt Getriebe

Die Mängelliste des F310 war ellenlang: Vor allem das knapp 200.000 Mark teure Getriebegehäuse galt als Schwachpunkt. Also baute man das alte Getriebe wieder ein. Das war zwar zuverlässiger, aber auch breiter. Deshalb musste auch der alte Unterboden wieder unter das Monocoque.

Der neu konstruierte V10 reichte noch nicht an die Werte der Konkurrenz von Mercedes oder Renault heran. Das war verständlich. Aber damit ließ sich nicht allein erklären, warum der Ferrari im Schnitt eine 10 km/h niedrigere Topspeed hatte. Man kam in Maranello zu dem Schluss, dass das aerodynamische Konzept des F310 nicht das Gelbe vom Ei war. Hartnäckig hielten sich die Gerüchte, Ferrari wolle noch 1996 eine völlige Neukonstruktion auf die Räder stellen. Doch Michael warnte vor Aktionismus: „Es wäre ja schön, wenn wir im jetzigen Stadium sagen könnten, wir machen dies oder jenes. Das hieße ja, dass wir genau wüssten, woran wir sind."

In dieser maladen Situation war das erste europäische Rennen, ausgerechnet auf dem Nürburgring, wahrer

Gratulation: In Australien meldeten

stehen auf Bergers Ferrari-Konto.

d Villeneuve ihre Titelansprüche an.

Zum ersten Mal seit 1990 (Alain Prost) trug ein Ferrari wieder die 1, statt der Traditionszahlen 27/28.

Ein Traumrennen: In der Wasserschlacht von Barcelona deklassierte Michael Schumacher sämtliche Konkurrenten. Hier überholt er Alesi, e

Schumachers erster Ferrari-Sieg. Da applaudierte sogar Spaniens König Juan Carlos in Barcelona.

Die Boxencrew von Ferrari arbeit

sich Villeneuve zur Brust nimmt.

Balsam. Michael, erklärter Liebling der 100.000 Zuschauer, kämpfte sich bis auf 0,7 Sekunden an Villeneuve heran und beendete den Lauf als Zweiter.

Das Team mag Michael

In Imola setzte der Deutsche mit seiner ersten Pole für Ferrari gar einen kollektiven Schuumakäär-Taumel frei. Das Team, das nach der Alesi- und Berger-Kündigung anfänglich so gar nichts mit dem Deutschen anzufangen wusste, war mittlerweile eine Truppe geworden, die komplett in den Schumacher-Fan-Club eintreten könnte.

Wieder kam Michael als Zweiter durchs Ziel, die letzten drei Kilometer knechtete er seinen Wagen mit blockiertem rechten Vorderrad über den Asphalt.

arcelona perfekt. Das Team wurde von Michaels Leistung mitgerissen.

Langsam begann der spröde Charme des Teutonen Schumacher auch in Italien zu verfangen. Immer öfter schrieben die heimischen Gazetten, dass man die Qualität des Ferrari an den Irvine-Vorstellungen feststellen könne. Der Rest liege im Genius des Deutschen begründet. Jetzt noch ein klitzekleiner Sieg und man könnte in Italien erstmals an eine Einbürgerung der Schumachers denken.

Ein Traum wäre ein erster Sieg in Monaco. Und tatsächlich: Alles sah nach dem ganz großen Erfolg aus: Pole-Position in Monaco, das Rennen fand bei absolutem Schumacher-Wetter, also im Nassen, statt. Der Start wurde gewonnen – und dann rauschte Michael in der ersten Runde, in Führung liegend, in die Leitplanke.

Das schmerzte: „Ich habe ganz einfach den Curb nicht so erwischt, wie ich ihn erwischen wollte. Ich bin nicht weit genug reingekommen und statt dessen auf den Lack geraten. Auf dem war kein Halten mehr."

Was für ein Glück, dass unmittelbar auf Monaco der Große Preis von Spanien folgte. Und damit eine der größten Triumphfahrten in der an Erfolgen so reichen Karriere des Michael Schumacher. Im strömenden Regen deklassierte er alle Konkurrenten zu Statisten. An sechster Stelle aus der ersten Runde kommend, überholte der Ferrari-Pilot in zehn Runden Berger, Alesi und den führenden Villeneuve. Danach setzte sich Schumacher mit bis zu fünf Sekunden schnelleren Rundenzeiten vom Rest ab. Am Ende konnten sich nur Alesi und Villeneuve einer Überrundung entziehen.

Der Weltmeister flocht seinem Ferrari ein Kränzchen: „Von der Fahrbarkeit weiß man, dass der Ferrari unter solchen Umständen einfach gut ist." Blödsinn! Diese Demonstration krassester Überlegenheit war eine Hinrichtung aller anderen Formel-1-Fahrer.

Es gehört zu den Phänomenen unserer (Medien)-Zeit, dass Michael urplötzlich als heißer WM-Kandidat gehandelt wurde. Und es gehört zu den Phänomenen der Formel 1, dass die Bäume nur ganz selten in den Himmel schießen.

Fünf grausame Rennen

Für Schumacher und Ferrari folgte eine Fünf-Rennen-Phase, die in ihrer Grausamkeit kaum noch zu überbieten war. Selten wurde ein Team krasser auf den Boden der Tatsachen zurückgeholt. In Montreal war für Irvine das Rennen nach zwei Runden vorbei. Eine Schubstrebe der rechten Vorderradaufhängung war gebrochen. Bei Michael Schumacher kegelte medienwirksam die Antriebswelle vom Auto weg. Made in Italy – ein Begriff setzte sich durch.

Noch schlimmer kam es in Magny-Cours: Michael erlebte einen Motorschaden in der Aufwärmrunde, Irvine brauchte ganze sechs Runden für einen Getriebeschaden. In Silverstone strandete Schumacher in der vierten Runde wegen eines Druckverlustes in der Hydraulik, Kollege Irvine zwei Runden später wegen eines Differentialschadens. Von insgesamt 1838 Rennkilometern schafften die beiden roten Renner gemeinsam exakt 240. Ferrari-Präsident Montezemolo hätte eigentlich zum Massenharakiri aufrufen müssen.

Dabei hatten die Roten unter den Anweisungen ihres Stars keinen Stein auf dem anderen gelassen. Michael zog das gesamte Testprogramm an sich, Irvine wurde völlig beiseite gestellt. Der Ire enttäuscht: „Alles in allem durfte ich das ganze Jahr über gerade mal fünf Tage testen."

Zitter-Motor

Konsequent wurde der F310 von vorne nach hinten neu gestaltet. Man wechselte zur Hochnase, änderte den Unterboden, modifizierte die Airbox und überarbeitete die Querlenker der hinteren Radaufhängung. Nur an einem Sargnagel vermochte man nichts zu ändern: Die Vibrationen des neuen Zehnzylindermotors. Völlig normal in Anbetracht der kurzen Entwicklungszeit zitterte diese Maschine alles kaputt, was nicht niet- und nagelfest am Auto war. Und da stets etwas anderes defekt ging, wurde der Eindruck erweckt, bei Ferrari funktioniere wirklich gar nichts.

Ein vierter Platz für Schumacher beim Großen Preis von Deutschland mit dem runderneuerten F310 auf dem Hockenheimring war zwar ein kleines Trostpflaster für die vielen Schumi-Fans, konnte allerdings schwerlich als Durchbruch gefeiert werden. Um so weniger, weil das folgende Rennen in Ungarn einen erneuten Nuller produzierte. Drei Konstrukteurs-WM-Punkte in insgesamt fünf Läufen, Damon Hill und Jacques Villeneuve von der Williams-Konkurrenz hatten in der gleichen Zeit das Konto um 72 Zähler anschwellen lassen. In Ungarn stand der englische Hauptkonkurrent bereits als Konstrukteursweltmeister fest – vier Rennen vor Saisonende.

Ein begeistertes Publikum feierte Michael beim Großen Preis von Deutschland, obwohl er nur auf dem undankbaren vierten Platz einlief. D

Logisch, dass die italienische Presse Opfer forderte. Der Ruf nach der Ablösung von Teamchef Jean Todt wurde unüberhörbar. Michael stellte sich schützend vor ihn: „Todt zu entlassen, wäre der größte Fehler, den man jetzt machen könnte." Michael war klar: Man konnte durchaus Ferrari-Säulen wie Konstrukteur John Barnard, den Motorenspezialisten Osamu Goto oder jeden anderen leitenden Mitarbeiter in Frage stellen. Ein Mann stand für ihn außer Diskussion, und der hieß Todt. Dieser schmallippige kleine Franzose mit der sinnlichen Ausstrahlung einer Keramikkachel galt ihm als einziger Fels in der Ferrari-Brandung. Der in seiner Arbeitsauffassung so preußisch auftretende Todt war der einzige, mit dem Schumacher bei Ferrari das Steuer herumreißen konnte.

Doppelschlag vom Manager

Wie gesagt, keiner wusste das besser als der in strategischen Fragen unglaublich clever agierende Ferrari-Star. Er holte zusammen mit seinem Manager Weber zum absoluten Doppelschlag aus. In der Zeit tiefster Ferrari-Depression begann das weltmeisterliche Duo mit Ferrari über eine Vertragsverlängerung zu verhandeln.

Der Schachzug war brillant. Einerseits: In dieser Situation konnte man finanziell so gut wie alles verlangen. Und andererseits: Was war besser geeignet, einen Rennleiter Jean Todt zu stützen, als ein Vertrauensbeweis dieser Art? Michaels Gehalt wurde von 25 Millionen Dollar auf 35 Millionen Dollar angehoben, der Vertrag sollte nun nicht mehr bis Ende 1997 laufen, sondern auf jeden Fall bis 1998, unter gewissen Umständen sogar noch ein Jahr länger.

Und um alles fein abzurunden, stand nach der Bekanntgabe des neuen Vertrags auch noch der Lieblingskurs des Meisters auf dem Zeitplan: Spa. Mit Hilfe einer Safety-Car-Phase und einem durch einen leeren Benzintank optimal

deutsche Ferrari-Star bedankte sich artig. Er wusste: Der Weltmeister-Titel war in diesem Jahr außer Reichweite, die Williams zu überlegen.

erzwungenen Boxenstopp gelang es Michael, sich an die Spitze des Feldes zu setzen. Jetzt musste der Ferrari nur noch halten.

Und er hielt. Gerührt ließ sich Rennleiter Jean Todt auf dem Siegerpodest von seinem Star eine Flasche Schampus übers Haupt schütten, Ferrari-Präsident Montezemolo gratulierte via Handy.

Sie alle wussten, dass der Sieg in Belgien exakt das war, was man auf dem Weg nach Monza brauchte. Ein solcher Erfolg stimmte die Presse milde, sorgte für Stimmung bei der Truppe und an der Rennstrecke für ein volles Haus. Es war angerichtet, jetzt möge nur noch Schumacher seines Amtes walten.

Sieg in Monza

160.000 Zuschauer wurden am Rennsonntag Zeuge, wie Michael Schumacher von Startplatz drei ins Rennen ging. Und ein Rennen gewann, in dem die beiden WM-Kandidaten Hill und Villeneuve durch Fahrfehler aus der Punktwertung fielen. Sieg in Monza – der erste für Ferrari seit 1988. Und als würde diese Leistung nicht reichen, um in Italien unsterblich zu werden, hatte Michael noch eine Nachricht, die im Familienland Italien alle schier aus dem Häuschen geraten ließ: „Corinna und ich werden Eltern."

Die Saison 1996 hatte damit ihr versöhnliches Ende gefunden. Zwei Rennen standen noch aus, und der Kampf um den Titel wurde immer knapper. Doch dieser Kampf war nicht mehr Michaels Kampf: „Das sollen Hill und Villeneuve unter sich ausmachen." Die Entscheidung dauerte bis zum letzten Lauf, dann konnte sich Damon Hill nach drei vergeblichen Anläufen endlich als Weltmeister feiern lassen.

Für Michael spielte nur noch eines eine Rolle: Er wollte gerne WM-Dritter werden. Und er wollte Ferrari Platz zwei in der Konstrukteurs-WM sichern. Bei beiden Vorhaben stand ihm Benetton als Team und Jean Alesi als Fahrer im Weg. Doch während der Franzose nur noch einen vierten Platz einfahren konnte, kam Schumacher in Portugal als Dritter und in Japan als Zweiter an. Die Addition der Punkte genügte Michael zum Erreichen beider Ziele.

Eddie Irvine schloss die Saison mit elf Punkten ab, außer zum Saisonbeginn wurde er kein weiteres Mal auf dem Podest gesichtet. Dennoch machte sich Michael stark für den Iren: „Ein sehr schneller Fahrer und kooperativer Kollege."

Das Resümee der Saison sprach Rennleiter Jean Todt: „Wir haben als Team zusammengehalten. Seit 1990 hat Ferrari nicht mehr so viele Rennen gewonnen wie in dieser Saison." Jetzt hieß es, alle Schwachstellen, die sich in den Rennen offenbart hatten, mit eisernem Besen auszukehren.

Damon Hill pflegte noch seinen Siegesrauschkater als frischgebackener Weltmeister, da begann in Maranello schon längst die Operation „Weltmeistertitel 1997".

Familienplanung: Michael und Corinna kündigten Nachwuchs an.

Suzuka: Schumi und Häkkinen duschten Weltmeister Damon Hill.

Nächstes Jahr mit gleichen Kräften: HH unterschrieb bei Williams.

Fiat-Chef Agnelli hoffte mit Montezemolo und den Fahrern auf 97.

ERGEBNISSE 1996

10.3., Australien (Melbourne)
Pole: Villeneuve (CDN), Williams-Renault
1. Hill (GB), Williams-Renault
2. Villeneuve (CDN), Williams-Renault
3. Irvine (GB), Ferrari
Schumacher: Leck in Bremshydraulik 33.Runde

31.3., Brasilien (São Paulo)
Pole: Hill (GB), Williams-Renault
1. Hill (GB), Williams-Renault
2. Alesi (F), Benetton-Renault
3. Schumacher (D), Ferrari

7.4., Argentinien (Buenos Aires)
Pole: Hill (GB), Williams-Renault
1. Hill (GB), Williams-Renault
2. Villeneuve (CDN), Williams-Renault
3. Alesi (F), Benetton-Renault
Schumacher: Heckflügel gebrochen 47. Runde

28.4., Europa (Nürburg)
Pole: Hill (GB), Williams-Renault
1. Villeneuve (CDN), Williams-Renault
2. Schumacher (D), Ferrari
3. Coulthard (GB), McLaren-Mercedes

5.5., San Marino (Imola)
Pole: Schumacher (D), Ferrari
1. Hill (GB), Williams-Renault
2. Schumacher (D), Ferrari
3. Berger (A), Benetton-Renault

19.5., Monaco (Monte Carlo)
Pole: Schumacher (D), Ferrari
1. Panis (F), Ligier-Mugen-Honda
2. Coulthard (GB), McLaren-Mercedes
3. Herbert (GB), Sauber-Ford
Schumacher: Unfall 1. Runde

2.6., Spanien (Barcelona)
Pole: Hill (GB), Williams-Renault
1. Schumacher (D), Ferrari
2. Alesi (F), Benetton-Renault
3. Villeneuve (CDN), Williams-Renault

16.6., Kanada (Montreal)
Pole: Hill (GB), Williams-Renault
1. Hill (GB), Williams-Renault
2. Villeneuve (CDN), Williams-Renault
3. Alesi (F), Benetton-Renault
Schumacher: Antriebswelle gebrochen 42. Runde

30.6., Frankreich (Magny Cours)
Pole: Schumacher (D), Ferrari
1. Hill (GB), Williams-Renault
2. Villeneuve (CDN), Williams-Renault
3. Alesi (F), Benetton-Renault
Schumacher: Motorschaden Aufwärmrunde

14.7., England (Silverstone)
Pole: Hill (GB), Williams-Renault
1. Villeneuve (CDN), Williams-Renault
2. Berger (A), Benetton-Renault
3. Häkkinen (FIN), McLaren-Mercedes
Schumacher: Druckverlust im Hydrauliksystem 4. Runde

28.7., Deutschland (Hockenheim)
Pole: Hill (GB), Williams-Renault
1. Hill (GB), Williams-Renault
2. Alesi (F), Benetton-Renault
3. Villeneuve (CDN), Williams-Renault
4. Schumacher (D), Ferrari

11.8., Ungarn (Budapest)
Pole: Schumacher (D), Ferrari
1. Villeneuve (CDN), Williams-Renault
2. Hill (GB), Williams-Renault
3. Alesi (F), Benetton-Renault
9. Schumacher (D), Ferrari

25.8., Belgien (Spa-Francorchamps)
Pole: Villeneuve (CDN), Williams-Renault
1. Schumacher (D), Ferrari
2. Villeneuve (CDN), Williams-Renault
3. Häkkinen (FIN), McLaren-Mercedes

8.9., Italien (Monza)
Pole: Hill (GB), Williams-Renault
1. Schumacher (D), Ferrari
2. Alesi (F), Benetton-Renault
3. Häkkinen (FIN), McLaren-Mercedes

22.9., Portugal (Estoril)
Pole: Hill (GB), Williams-Renault
1. Villeneuve (CDN), Williams-Renault
2. Hill (GB), Williams-Renault
3. Schumacher (D), Ferrari

13.10., Japan (Suzuka)
Pole: Villeneuve (CDN), Williams-Renault
1. Hill (GB), Williams-Renault
2. Schumacher (D), Ferrari
3. Häkkinen (FIN), McLaren-Mercedes

Fahrer-WM

1. Damon Hill (GB), Williams-Renault	97
2. Jacques Villeneuve (CDN), Williams-Renault	78
3. Michael Schumacher (D), Ferrari	59
4. Jean Alesi (F), Benetton-Renault	47
5. Mika Häkkinen (FIN), McLaren-Mercedes	31
6. Gerhard Berger (A), Benetton-Renault	21
7. David Coulthard (GB), McLaren-Mercedes	18
8. Rubens Barrichello (BR), Jordan-Peugeot	14
9. Olivier Panis (F), Ligier-Mugen-Honda	13
10. Eddie Irvine (GB), Ferrari	11
11. Martin Brundle (GB), Jordan-Peugeot	8
12. Heinz-Harald Frentzen (D), Sauber-Ford	7
13. Mika Salo (FIN), Tyrrell-Yamaha	5
14. Johnny Herbert (GB), Sauber-Ford	4
15. Pedro Paulo Diniz (BR), Ligier-Mugen-Honda	2
16. Jos Verstappen (NL), Arrows-Hart	1

Konstrukteurs-WM

1. Williams-Renault	175
2. Ferrari	70
3. Benetton-Renault	68
4. McLaren-Mercedes	49
5. Jordan-Peugeot	22
6. Ligier-Mugen-Honda	15
7. Sauber-Ford	11
8. Tyrrell-Yamaha	5
9. Arrows-Hart	1

<u>Hinten von links:</u> Gerhard Berger, Martin Brundle, Giancarlo Fisichella, Ricardo Rosset, Mika Häkkinen, Eddie Irvine, Damon Hill. <u>Mitte von links:</u> David Coulthard, Andrea Montermini, Pedro Lamy, Jos Verstappen, Luca Badoer, Pedro Diniz, Jean Alesi, Olivier Panis. <u>Vorne von links:</u> Ukyo Katayama, Heinz-Harald Frentzen, Mika Salo, Michael Schumacher, Jacques Villeneuve, Rubens Barrichello, Johnny Herbert.

1997: DAS JAHR

OHNE PUNKTE

Kein Team war 1997 bei den Boxenstopps so routiniert und schnell wie Ferrari. Die Arbeit von Schumacher und Todt trug Früchte: Zum Saisonende lag Michael in Führung. Durch eine Kurzschluss-Reaktion verlor er das Rennen – und alle Punkte, die er in der Saison mühsam gesammelt hatte.

Auch 1997 waren die Williams durch ihren jahrelangen Technologie-Vorsprung das Maß aller Dinge. Kein anderes Team konnte mithalten. Jacques Villeneuve galt als haushoher Titelfavorit. Ferraris Plus: Ein riesiger Etat, ein hochmotiviertes Team – und der anerkannt beste Rennfahrer der Welt. Bei dieser Konstellation blieb die Meisterschaft offen bis zur letzten Stunde.

Konstrukteur John Barnard hatte diesmal mit zwei klaren Vorgaben zu leben. Erstens: „Das Auto muss zwei Monate vor Saisonstart fertig sein." Die hatte er erfüllt. Zweitens: „Diesmal keine Experimente!" Auch damit hatte sich Barnard abgefunden. Weihnachten 1996 wurde das fertige Auto in Maranello abgeliefert.

Auffallend: Das gewohnte Ferrari-Rot strahlte nun in einem sponsorenfreundlich helleren Marlboro-Rot. Ansonsten zeigte der F 310B augenfällige Ähnlichkeiten zum Vorjahresweltmeister. Nase, Cockpitfront und -seitenwände, sowie Airbox und Heckflügel – alles hatte man schon mal in blauweiß gesehen. Prompt lästerte Gerhard Berger aus der Ferne: „Jetzt hat die Formel 1 endlich einen roten Williams."

Was noch lange nicht hieß, dass der neue Ferrari auf Anhieb so erfolgreich war wie der alte Williams. Ganz im Gegenteil, Michaels Analysen gaben zu Besorgnis Anlass: „Der F 310B scheint von seinem Vorgänger die Tendenz zum Untersteuern geerbt zu haben." Anfang Februar meldeten die Nachrichtenagenturen eine Sensation: Konstrukteur Rory Byrne wurde als neuer Ferrari-Konstrukteur bekannt gegeben. Die Ära Barnard war endgültig beendet. Für rund zwei Millionen Dollar wurde die eigenwillige Diva nach Hause geschickt.

Erfolgs-Troika von Benetton

Michael war „glücklich über die Ankunft von Rory Byrne, denn seine Arbeit für Benetton war ausgezeichnet." „Glücklich" war die Untertreibung der Woche. Denn mit aller Macht hatte Michael die Einstellung des Benetton-Konstrukteurs betrieben. Michael wusste genau: Nachdem es ihm gelungen war, Ross Brawn Ende des vergangenen Jahres von Benetton zu Ferrari zu locken, brauchte er jetzt noch unbedingt den unscheinbaren und bescheidenen Byrne, um die Erfolgs-Troika der vergangenen Benetton-Zeiten zu komplettieren.

Derweil schimpfte Benetton-Boss Briatore seinen Stars hinterher: „Ferrari versucht sein Comeback mit den Rentnern von Benetton." Michael ließ sich von solchen Gehässigkeiten nicht aus dem Takt bringen. Er wusste genau: „Wir haben jetzt zumindest eine stabile Basis." Dennoch ließen sich die Probleme 1997 nicht so schnell aus der Welt schaffen. Der neue Ferrari-Motor war höchst anfällig. Das rund 750 PS-starke Triebwerk – Stückpreis 650.000 Mark – kränkelte.

Schumacher-Manager Willi Weber räumte offen ein: „Der F 310B ist um Welten besser als sein Vorgänger. Dass sich Michael bei den ersten Tests über das Auto beschwert, ist doch ein alter Hut. Er will, dass man bei Ferrari nicht einschläft. Und er schiebt damit den ganzen Erwartungsdruck auf Frentzen ab." Heinz-Harald war 1997 von Sauber zu Williams gewechselt.

Der Saisonauftakt in Australien kollidierte mit einem anderen Termin. Dieser hatte für Michael schon einen ganz konkreten Namen: Gina Maria. Glücklicherweise meldete sich das Mädchen – ganz die Tochter eines schnellen Rennfahrers – schon ein klein wenig früher. Michael schnappte sich Pilot und Challenger und düste mit einer Sondergenehmigung für den Nachtstart von Florenz nach Köln. Um drei Uhr morgens war Michael bei Corinna im Krankenhaus in Wipperfürth. Um 6.13 Uhr gab es eine neue Erdenbürgerin.

Fahren Väter langsamer?

Doch alle Vaterfreuden halfen nichts. Der Saisonstart in Melbourne kam unaufhaltsam, und mit ihm die Trennung von Corinna und Kind. Das Unternehmen Weltmeisterschaft 97 konnte beginnen.

Allen Problemen zum Trotz stand Michael am Rennsonntag mit seinem Ferrari in der zweiten Startreihe – schneller waren nur der haushohe WM-Favorit Villeneuve und sein Teamkollege Frentzen. Zwei Stunden später rangierte Michael mit sechs Punkten an zweiter

380 Leute arbeiten in der Rennsportabteilung von Ferrari. Etwa 70

Stelle in der Fahrerweltmeisterschaft. Und konnte allen Ernstes über Sieger Coulthard auf seinem McLaren-Mercedes sagen: „Ich war schneller als David, konnte aber auf dem engen Kurs nicht überholen.“

GESCHENKTE PUNKTE

Also knapp am Sieg vorbei? Da sollte man die Kirche doch lieber im australischen Dorf lassen. Denn der Rennausgang war mehr als glücklich für Schumacher. Zuerst wurde Jacques Villeneuve von Michaels Teamkollegen Eddie beim Start von der Strecke geräumt. Und dann explodierte dem zweiten Williams-Piloten HH Frentzen nach viel Führungsarbeit die linke Bremsscheibe. Und dann sollte man noch einen unvoreingenommenen Blick auf die Ferrari-Performance werfen. Im Rennen wurde Michael in der 51. Runde

Wie man sich keine Freunde macht: Durch Irvine flogen in Melbourne Villeneuve und Herbert raus.

mit der Formel 1 auf Reisen. In Australien versammelte Rennleiter Jean Todt seine Piloten und die Crew um den neuen F 310B.

In Argentinien fuhr Schumacher eines seiner kürzesten Rennen. Nach einer Kollision mit Barichello steckte er im Kies. Vergebens hoffte er

unplanmäßig an die Box gerufen: „Meint ihr wirklich mich?" Ferrari meinte und legte noch einmal rund 20 Liter Sprit nach. Wunderkonstrukteur Barnard hatte den Tank falsch berechnet...

Bereits beim zweiten Rennen, in der südamerikanischen Monster-Metropole São Paulo, wurde das Grundübel des F 310B klar: Dem Auto mangelte es an mechanischem Grip. Ausgeglichen werden musste das mit steileren Flügeln. Und die drückten auf der Geraden auf die Bremse. So viele Probleme, dann noch ein Sieg von Villeneuve, da kam über Michaels fünften Platz keine Freude auf.

Viel besser waren diese Punkte ja allemal im Vergleich zu dem, was in Argentinien auf ihn wartete. Denn dort kam Michael in der ersten Kurve dem Stewart-Piloten Rubens Barrichello ins Gehege. Michael blieb liegen und trotz seines betont langen Verweilens in der Gefahrenzone wurde das Rennen nicht neu gestartet. Immerhin konnte er an diesem Sonntag nach dem Rennen hocherfreut Bruder Ralf als Drittplatzierten umarmen – wenigstens ein Schumacher auf dem Treppchen.

Inzwischen hatte Schumacher neben seinem Hauptkonkurrenten Villeneuve noch einen anderen Gegner ausgemacht: seinen Reifenlieferanten Goodyear. Michael ließ keine Gelegenheit aus, sich über deren Gummiwalzen zu beschweren. Und das ist das letzte, was Firmen, die ja nur aus Werbegründen in der Formel 1 sind, wirklich wollen.

Deutsche unter sich

Nachdem sich Villeneuve in Imola wegen Getriebeproblemen punktelos verabschiedete, musste sich Michael nur einem geschlagen geben. Der allerdings hatte es in sich: Heinz-Harald Frentzen, Weggefährte, Kumpel und Konkurrent auf und neben der Strecke. Diesmal stand er eine Stufe höher als der sieggewohnte Star. Dieser Sieg schrieb Geschichte: Zwei Deutsche belegten die Plätze eins und zwei.

Als WM-Fünfter kam Schumacher nach Imola, als WM-Zweiter reiste er nach Monaco. Dort kam es zum Williams-GAU.

Zwar standen beide Piloten in Reihe eins. Aber dann starteten sie trotz klatschnasser Bahn mit Trockenabstimmung und profillosen Slicks Richtung Leitplanke. Michael lachte sich schlapp. Nicht nur, dass er die richtigen Intermediates drauf hatte. Er hatte auch noch kurz vor dem Start die Chassis gewechselt und das mit der moderaten Regenabstimmung bevorzugt. Ein unangefochtener Start-Ziel-Sieg war das verdiente Ergebnis.

Erstmals in dieser Saison führte Michael in der WM-Tabelle. Heiter und entspannt machte er sich in Begleitung von Corinna auf zum traditionellen Sieger-Dinner. Das leidige Reifenproblem bremste Michael in Barcelona: „Ich hatte drei komplett neue Sätze und die waren schlechter als der eine gebrauchte, den ich fuhr." Diesmal reichte es nur zu einem vierten Platz. Schon war er die Tabellenführung wieder los an Villeneuve.

Es gehört zu den Sonderheiten des GP-Kalenders, dass zwischen den Läufen der Nachbarländer Spanien und Frankreich stets noch ein Überseerennen in Kanada reingepackt wird.

Wo ein voller Erfolg auf den Ferrari-Star wartete. Schon allein das Qualifying – in der letzten Minute entriss er Lokalmatador Villeneuve die Pole. Nicht schlechter das Rennen, in dem es ihm sein kanadischer

en Neustart. Rivale Villeneuve ging auf Siegkurs.

Skeptische Blicke in Ungarn: Corinna Schumacher und ihr Schwager Ralf.

Konkurrent allerdings unerwartet leicht machte. In der zweiten Runde kachelte er in der Schikane vor Start und Ziel in die Mauer. Kanada wurde Michaels zweiter Saisonsieg – und trotzdem war ihm nicht zum Feiern zumute. Zunächst war sein Bruder ungebremst in einen Reifenstapel geschossen – zum Glück gab's keine Verletzungen. Prost-Fahrer Olivier Panis allerdings brach sich bei einem Unfall beide Beine. Urplötzlich zeigte der Sport seine Fratze, eine Fratze, die Michael seit dem Imola-Wochenende 1994 nie aus seinem Gedächtnis hat streichen können.

Villeneuve erblondet

Der Große Preis von Frankreich ging also ohne den sympathischen Franzosen über die Bühne, dafür mit einem jäh erblondeten

Der dritte Sieg von fünf: In Frankreich ließen sich Michael und Eddie von HH Frentzen begießen.

Beim Ungarn-GP nahm Michael das alte Chassis. Den neuen, leichteren Wagen hatte er demoliert.

Nicht nur Jos Verstappen wurde b

Jacques Villeneuve. Erstmals in der Formel-1-Geschichte wurde die Pressekonferenz der Qualifikationssieger von drei Deutschen bestritten. Wobei sich der Deutsche Nummer zwei, HH Frentzen, mit dem Deutschen Nummer drei, Ralf Schumacher, einig war: „Wir haben Michaels Tiefstapelei durchschaut."

In der Tat: Wenn man bedenkt, wie Schumacher dem später zweitplatzierten Frentzen in den ersten Runden bis zu sieben Sekunden wegzog, dann konnte der Ferrari nun wirklich keine Gurke sein. Vielleicht lag der Grund, wie Gerüchte es wissen wollten, an einer geheimnisvollen, neuartigen Motorensoftware, die über die Drosselklappenstellung den Drehmomentverlauf optimierte.

In Silverstone stand die Halbzeit an. Zwar gab es den ersten Totalausfall der Ferrari-Truppe, den Villeneuve auch noch mit einem Sieg gnadenlos ausnutzte. Trotzdem musste man in England als Zwischenbilanz feststellen: Aus der Krücke F 310B war Schritt für Schritt ein Front-Runner gemacht worden. Michael: „Im Rennen sind wir den Williams jetzt ebenbürtig."

Williams? Wer sprach denn von denen? Zumindest keiner auf dem Hockenheimring. Auf den Zuschauerrängen war alles fest unter Kontrolle roter DEKRA-Käppis.

Nichts lief bei den Williams: Frentzen legte sich in Kurve eins mit Eddie Irvine an. Nicht viel besser erging es Villeneuve, der vor lauter Zweikampf mit Jarno Trulli um Rang vier von der Strecke trudelte.

Nicht, dass Michael ohne Probleme blieb. Doch wie so oft wurde er mit einer Extraportion Glück belohnt: Sie hieß in diesem Falle Fisichella, der bis kurz vor Rennende auf Rang zwei lag, bis ihm ein Hinterreifen platzte. Schade für den Italiener, Glück und sechs Punkte für Michael, der hinter Gerhard Berger durchs Ziel kam. Mit zehn Punkten Vorsprung auf Villeneuve ging es nach Ungarn.

Wo einer der größten Fehler der Saison auf den Weltmeister lauerte. Ausgerechnet das brandneue, zehn Kilogramm leichtere Chassis zerstörte der Ferrari-Fahrer im Warm-Up so nachhaltig, dass er für das Rennen auf das alte Ersatzchassis umsteigen musste.

enrennen von Monaco von Schumi weggeschnupft: Erstmals in dieser Saison führte der Ferrari-Pilot nach dem Lauf die WM-Tabelle an.

Ralf mit Respekt

Das Rennen verlief sensationell: Michael wurde nach zehn Runden von einem Arrows-Piloten von der Spitze verdrängt. Damon Hill, amtierender, aber in der Saison nie vorne gesichteter Weltmeister, hatte seinen zweiten Frühling. Er führte bis in die vorletzte Runde. Dann strauchelte die Technik des Ex-Schumacher-Rivalen und sein Ex-Teamkollege Villeneuve konnte ihn auf den letzten Kilometern abfangen. Michael kam mit viel Reifenproblemen auf Rang vier an – und konnte von Glück reden, dass ein deutlich schnellerer Bruder Ralf aus lauter Respekt vor Michaels WM-Chance den finalen Angriff unterließ.

In den letzten drei Rennen hatte Schumacher elf Punkte auf Villeneuve verloren. Dafür bestätigte Ferrari wenigstens den Vertrag von Eddie Irvine für 1998. Der Ire hatte in Michael einen Fürsprecher. Und er war längst zum Bewunderer des Deutschen mutiert: „Normalerweise macht das Auto 80 Prozent und der Fahrer 20 aus. Bei Michael Schumacher ist es umgekehrt."

Erst recht galt das für Michaels Schicksalsstrecke: Spa-Francorchamps. Rechtzeitig vor Rennbeginn begann es zu regnen. Während die Williams-Konkurrenz auf Regenreifen setzte, ließ sich Michael Intermediates aufziehen. Mit denen enteilte er der Konkurrenz, als wären da Hinterbänkler eines Formel 3000-Feldes unterwegs – Richtung Sieg.

Ferrari-Präsident Luca di Montezemolo nahm Michaels Sieg persönlich: „Welch ein Geschenk zu meinem 50. Geburtstag." Ein Ferrari-Pilot mit zwölf Punkten Vorsprung als WM-Führender nach Monza – ganz Italien war völlig aus dem Häuschen.

Nach dem Qualifying war Michael auf Rang neun schlechtester Deutscher. Im Rennen wurde es nicht ganz so schlimm, trotzdem, mehr als Platz sechs sprang nicht raus, für Konkurrent Villeneuve war es auch nur Platz fünf. Michael ließ den Kopf nicht hängen: „Jetzt kommen wieder Strecken, die mit mehr Abtrieb gefahren werden müssen. Da sehen wir besser aus."

Auf dem nagelneuen A1-Ring zwischen Judenburg und Knittelfeld rollte Michael ohne Sprit im Qualifying

Der Korrekte und der Schlabber: Michael mit Jacques im Schlepp.

aus, ausgerechnet auf seiner bis dahin schnellsten Runde. Er startete wieder von Platz neun.

Zehn-Sekunden-Strafe

Im Rennen sollte es noch schlimmer werden. Immerhin kämpfte er sich bis auf Rang vier vor. Ja, sogar bis auf Rang drei. Letztere Positionsverbesserung hatte allerdings den Nachteil, dass sie unter gelber Flagge geschah. Der überholte Frentzen griff, sobald er mit dem Lachkrampf zu Ende war, zum Bordfunk und meldete den Regelverstoß. Die Rennleitung reagierte mit einer Zehn-Sekunden-Strafe und Schumacher fand sich zum Schluss des Rennens auf Rang sechs wieder.

Ein mickriger kleiner Punkt, während vorne Villeneuve einen satten Zehner einsackte.

Wer meint, dass mit dem Rennen in Österreich der Saison-Tiefpunkt in Schumachers Glückskurve erreicht war, sah sich auf dem Nürburgring eines Besseren belehrt. Dort feierte Michael seinen 100. Grand Prix mit einem kleinen Festakt und einem Stück Kuchen in Bernie Ecclestones Gesicht. Die einzige Einlage, die zum Lachen Anlass bot. Für Michael kam es nämlich knüppeldick. Ein fünfter Startplatz war schon nicht besonders.

Doch jeder Platz wäre besser gewesen, als der, an dem Schumacher sich vor der ersten Kurve befand. Genau dort nämlich landete – alles Gute kommt von oben – Bruder Ralf auf seinem Ferrari. Noch eine Runde konnte sich Michael weidwund über die Strecke quälen, dann war Schluss. „Ich hätte mir nie träumen lassen, dass mich mal der

Familien-Drama auf dem Nürburgring: Ralf kollidierte mit Teamkollege Fisichella und landete hart auf dem Bug von Michaels Ferrari. W

eigene Bruder aus dem Rennen befördern könnte. Aber solche Dinge passieren nun mal."

Wunder gesucht

Villeneuve führte bis zum Ende und griff schon wieder die volle Punktzahl ab. Aus einem knappen Ein-Punkte-Vorsprung wurde zwei Rennen vor Schluss ein desaströser Neun-Punkte-Rückstand. Die meisten Deutschen waren sich einig: Der Titel war in diesem Jahr für Michael unerreichbar. Doch wie schrieb der „Formel 1 Report" der RTL Printedition so schön: „Ein kleines Wunder könnte nicht schaden."

Villeneuve konnte in Suzuka ganz leicht Weltmeister werden – er brauchte nur einen Punkt mehr als Michael einzufahren. Auch ein Ausfall des Ferrari-Piloten hätte ihm gereicht.

Pole-Mann Villeneuve war beim vorletzten Lauf zur Formel-1-Weltmeisterschaft ein Geist. Beim Samstagstraining war Villeneuve trotz gelber Flagge nicht vom Gas gegangen, sondern drehte statt dessen lieber seine bis dahin schnellste Runde. Villeneuve wurde für das Rennen gesperrt. Und nur ein Einspruch des Williams-Teams gegen dieses Urteil ließ Villeneuve doch noch an dem Rennen teilnehmen.

Villeneuve versuchte, aus der vertrackten Situation das Beste zu machen. Er musste dafür sorgen, dass Schumacher so wenig Punkte wie möglich bekam. Deshalb bremste er nach gewonnenem Start das Feld ein – in der Hoffnung, dass andere Fahrer Schumacher überholen würden.

Irvine half

Nichts von dem geschah. Statt dessen löste sich Irvine aus dem Verfolgerfeld, schnupfte blitzschnell Häkkinen und Teamkollegen Michael weg, eine Runde später gar Leader Villeneuve. Mit Riesenschritten zog er von dannen. Villeneuves Taktik wurde vollends unhaltbar, als Michael ihn nach dem ersten Boxenstopp überholen konnte. Zwei Ferraris führten, wenn auch in falscher Reihenfolge. Kollege Irvine überließ Minuten später Schumacher die Führung und blockte von nun an Villeneuve ab. Als bei dem Kanadier noch ein zweiter, verpatzter Tankstopp hinzukam, schlich er sich demora-

Tortenschlacht: Bernie Ecclestone feierte mit Michael den 100. GP.

ie führenden McLaren ausfielen, kam Villeneuve zu seinem sechsten Saisonsieg. Eine Vorentscheidung zur Weltmeisterschaft war gefallen.

In Jerez die WM verloren: Villeneuves Überholmanöver konterte Schumacher mit einem Rammstoß.

Coulthard und Häkkinen ließen den neuen Champion Jacques Villeneuve in Jerez hochleben.

lisiert auf Rang fünf nach Hause. Zwei Punkte, von denen man wusste, dass sie ihm auch noch weggenommen würden. Zehn Punkte dagegen bei Schumacher, und sechs für Heinz-Harald Frentzen, der nach drei dritten Plätzen diesmal als Zweiter einlief. Damit hatte Williams die Konstrukteursweltmeisterschaft 1997 im Sack.

Der Kampf um den Titel aber war wieder völlig offen. Formel 1 paradox. Nicht einen direkten Zweikampf hatte es in der Saison 1997 zwischen Schumacher und Villeneuve gegeben. Und noch bizarrer: Die beiden hatten das ganze Jahr über nicht ein einziges Mal gemeinsam auf dem Treppchen gestanden.

Als wollte die Saison für all die entgangenen Duelle der beiden Kontrahenten entschädigen, wurde nun für Jerez der Megakampf angesetzt. Zwei Männer – ein Ziel. Es gab nicht viel zu rechnen: Wer vor dem anderem in die Punkte kam, war Weltmeister 1997.

Michael führte mit 78 Punkten vor Villeneuves 77.

Der Start ging für Schumacher aus. In Maranello griff der Pfarrer bereits in die Seile, um für den ersten Ferrari-Weltmeistertitel nach 18 Jahren die Glocken zu läuten.

Für alle, die endlich mal einen direkten Kampf zwischen Schumacher und Villeneuve – Mann gegen Mann, Rad an Rad – sehen wollten, ging der Wunsch in Erfüllung. Im letzten Renndrittel, als alle Boxenstopps erledigt waren, als alle Strategie ein Ende hatte und es nur noch ums Fahren ging, schob sich Villeneuve in den Windschatten des führenden Schumachers.

Crash vor der Kurve

Der spürte, dass er den Williams-Piloten nicht halten konnte. Viel zu spät realisierte Schumacher, dass ihn Villeneuve vor der Dry-Sack-Kurve ausbremsen wollte. Und als es Michael dann doch mitkriegte, wusste er sich nicht anders zu helfen, als in den Williams reinzufahren...

Was für die einen ein „dirty-trick“ war, werteten die anderen als Reflex eines Racers. Doch außer Diskussion war, dass diese Aktion eines großartigen Sportlers nicht würdig war. Dass Villeneuve zum Schluss die beiden McLaren-Mercedes passieren ließ, war ein Dankeschön: Durch Ausfälle der beiden waren ihm in der Saison etliche Punkte zugefallen.

Ganz, ganz knapp wurde Michael am Ende des dramatischen Weltmeisterschaftskampfs geschlagen – von sich selbst. Die FIA erkannte ihm alle 78 Punkte ab, die er im Laufe des Jahres gesammelt hatte. Ferrari durfte sie für die Konstrukteurs-WM behalten.

In seinem zweiten Ferrari-Jahr kam Michael Schumacher nicht in der Endwertung vor. Heinz-Harald Frentzen wurde offiziell Vizeweltmeister hinter seinem Teamkollegen Villeneuve.

ERGEBNISSE 1997

9.3., Australien (Melbourne)
Pole: Villeneuve (CAN), Williams-Renault
1. Coulthard (GB), McLaren-Mercedes
2. M. Schumacher (D), Ferrari
3. Häkkinen (FIN), McLaren-Mercedes

30.3., Brasilien (Interlagos)
Pole: Villeneuve (CAN), Williams-Renault
1. Villeneuve (CAN), Williams-Renault
2. Berger (A), Benetton-Renault
3. Panis (F), Prost-Mugen-Honda
5. M. Schumacher (D), Ferrari

13.4., Argentinien (Buenos Aires)
Pole: Villeneuve (CAN), Williams-Renault
1. Villeneuve (CAN), Williams-Renault
2. Irvine (GB), Ferrari
3. R. Schumacher (D), Jordan-Peugeot

M. Schumacher: Unfall 1. Runde

27.4., San Marino (Imola)
Pole: Villeneuve (CAN), Williams-Renault
1. Frentzen (D), Williams-Renault
2. M. Schumacher (D), Ferrari
3. Irvine (GB), Ferrari

11.5., Monaco (Monte Carlo)
Pole: Frentzen (D), Williams-Renault
1. M. Schumacher (D), Ferrari
2. Barrichello (BR), Steward-Ford
3. Irvine (GB), Ferrari

25.5., Spanien (Barcelona)
Pole: Villeneuve (CAN), Williams-Renault
1. Villeneuve (CAN), Williams-Renault
2. Panis (F), Prost-Mugen-Honda
3. Alesi (F), Benetton-Renault
4. M. Schumacher (D), Ferrari

15.6., Kanada (Montreal)
Pole: M. Schumacher (D), Ferrari
1. M. Schumacher (D), Ferrari
2. Alesi (F), Benetton-Renault
3. Fisichella (I), Jordan-Peugeot

29.6., Frankreich (Magny-Cours)
Pole: M. Schumacher (D), Ferrari
1. M. Schumacher (D), Ferrari
2. Frentzen (D), Williams-Renault
3. Irvine (GB), Ferrari

13.7., England (Silverstone)
Pole: Villeneuve (CAN), Williams-Renault
1. Villeneuve (CAN), Williams-Renault
2. Alesi (F), Benetton-Renault
3. Wurz (A), Benetton-Renault

M. Schumacher: Radlager 39. Runde

27.7., Deutschland (Hockenheim)
Pole: Berger (A), Benetton-Renault
1. Berger (A), Benetton-Renault
2. M. Schumacher (D), Ferrari
3. Häkkinen (FIN), McLaren-Mercedes

10.8., Ungarn (Budapest)
Pole: M. Schumacher (D), Ferrari
1. Villeneuve (CAN), Williams-Renault
2. Hill (GB), Arrows-Yamaha
3. Herbert (GB), Sauber-Petronas
4. M. Schumacher (D), Ferrari

24.8., Belgien (Spa-Francorchamps)
Pole: Villeneuve (CAN), Williams-Renault
1. M. Schumacher (D), Ferrari
2. Fisichella (I), Jordan-Peugeot
3. Frentzen (D), Williams-Renault

7.9., Italien (Monza)
Pole: Alesi (F), Benetton-Renault
1. Coulthard (GB), McLaren-Mercedes
2. Alesi (F), Benetton-Renault
3. Frentzen (D), Williams-Renault
6. M. Schumacher (D), Ferrari

21.9., Österreich (Zeltweg)
Pole: Villeneuve (CAN), Williams-Renault
1. Villeneuve (CAN), Williams-Renault
2. Coulthard (GB), McLaren-Mercedes
3. Frentzen (D), Williams-Renault
6. M. Schumacher (D), Ferrari

28.9., Luxemburg (Nürburgring)
Pole: Häkkinen (FIN), McLaren-Mercedes
1. Villeneuve (CAN), Williams-Renault
2. Alesi (F), Benetton-Renault
3. Frentzen (D), Williams-Renault

M. Schumacher: Aufhängung 3. Runde

13.10., Japan (Suzuka)
Pole: Villeneuve (CAN), Williams-Renault
1. M. Schumacher (D), Ferrari
2. Frentzen (D), Williams-Renault
3. Irvine (GB), Ferrari

26.10., Spanien (Jerez)
Pole: Villeneuve (CAN), Williams-Renault
1. Häkkinen (FIN), McLaren-Mercedes
2. Coulthard (GB), McLaren-Mercedes
3. Villeneuve (CAN), Williams-Renault

M. Schumacher: Crash 48. Runde

FAHRER-WM

1.	Jacques Villeneuve (CAN), Williams-Renault	81
	*Michael Schumacher (D), Ferrari	78
2.	Heinz-Harald Frentzen (D), Williams-Renault	42
3.	David Coulthard (GB), McLaren-Merc.	36
	Jean Alesi (F), Benetton-Renault	36
5.	Gerhard Berger (A), Benetton-Ren.	27
	Mika Häkkinen (FIN), McLaren-Merc.	27
7.	Eddie Irvine (GB), Ferrari	24
8.	Giancarlo Fisichella (I), Jordan-Peugot	20
9.	Olivier Panis (F), Prost-Mugen-Honda	16
10.	Johnny Herbert (GB), Sauber-Petronas	15
11.	Ralf Schumacher (D), Jordan-Peugot	13
12.	Damon Hill (GB), Arrows-Yamaha	7
13.	Rubens Barrichello (BR), Stewart-Ford	6
14.	Alexander Wurz (A), Benetton-Ren.	4
15.	Jarno Trulli (I), Minardi-Hart/Prost-Mugen	3
16.	Mika Salo (FIN), Tyrrell-Ford	2
	Shinji Nakano (J), Prost-Mugen-Honda	2
	Pedro Diniz (BR), Arrows-Yamaha	2
19.	Nicola Larini (I), Sauber-Petronas	1

*Sämtliche Punkte aberkannt (Jerez-Unfall).

KONSTRUKTEURS-WM

1.	Williams-Renault	123
2.	Ferrari	102
3.	Benetton-Renault	67
4.	McLaren-Mercedes	63
5.	Jordan-Peugeot	33
6.	Prost-Mugen-Honda	21
7.	Sauber-Petronas	16
8.	Arrows-Yamaha	9
9.	Stewart-Ford	6
10.	Tyrrell-Ford	2

Gruppenfoto zum Saisonende. Hinten von links: Johnny Herbert, Norberto Fontana, Olivier Panis, Shinji Nakano, Giancarlo Fisichella, Ralf Schumacher, Mitte: Jos Verstappen, Mika Salo, Pedro Diniz, Damon Hill, Jan Magnussen, Rubens Barrichello, Ukyo Katayama, Tarso Marques. Vorne: Gerhard Berger, Jean Alesi, Heinz-Harald Frentzen, Jacques Villeneuve, Michael Schumacher, Eddie Irvine, Mika Häkkinen, David Coulthard.

1998: GEGEN DIE

In diesem Jahr hatten die Williams den Biss der letzten Jahre verloren. Die Silberpfeile von McLaren gewannen neun Rennen, Michael siegte sechs Mal im unterlegenen Ferrari. Es kam zu wenigen direkten Duellen, wie hier beim Österreich-Grand-Prix. Mika Häkkinen, Michaels Rivale seit 1990, hatte die Nase zum Schluss der Saison knapp vorne.

SILBERPFEILE

Foto: ASA

Ein Trio wuchs zur verschworenen Gemeinschaft zusammen: Michael mit Teamchef Jean Todt (l.) und dem Technischen Direktor Ross Brawn.

Das letzte Rennen 1997 endete mit einem Doppelsieg für Mika Häkkinen und David Coulthard. Das war wie ein Vorzeichen: Nicht mehr Williams war der Gegner, den Michael schlagen musste, sondern McLaren-Mercedes. Seinen neuen Hauptrivalen aus Finnland kannte Michael seit Formel-3-Zeiten.

In seinem Landhaus in Norwegen schottete sich Michael Schumacher um die Weihnachtszeit 1997 drei Wochen ab. Nur ein paar enge Freunde waren bei ihm und, natürlich, Corinna und Gina-Maria. Hier hatte er endlich die Zeit, über alles nachzudenken. Über den Crash in Jerez, über die öffentliche Kritik danach, über sich selbst.

„Zwanzig Mal habe ich mir die Slowmotion von Jerez angesehen", sagte er geläutert. „Ich war damals so überrumpelt von der Situation, dass ich gar nicht merkte, was eigentlich passiert ist. Du kriegst einen Knall, du stehst im Kiesbett und denkst, Scheiße, der Kerl ist dir gerade ins Auto gefahren. Und dann kommt auch noch ein Fotograf und bestätigt dir das. Du gehst in die Box und haderst mit deinem Schicksal. Und keiner in meinem Umfeld hat sich damals getraut, mir die Leviten zu lesen. Heute weiß ich, dass ich den Fehler gemacht habe. Im Nachhinein muss ich mich bei Jacques für den Reflex entschuldigen."

Jacques Villeneuve war 1998 kein ernsthafter Rivale mehr. Auch die Williams-Renault waren nach sechs dominanten Jahren mit vier Weltmeistern nicht mehr das Maß aller Dinge. Renault hatte sein letztes Jahr als Motorenlieferant eingeläutet und war nur noch mit gebremstem Engagement dabei. Der neue Gegner war silbergrau, das deutete sich schon bei den Testfahrten an. Nach drei Jahren im Mittelfeld fuhr das Gespann McLaren-Mercedes plötzlich Superzeiten. Die britisch-deutsche Allianz wurde mit Reifen des Neu-Einsteigers Bridgestone beliefert, während Ferrari weiter auf Goodyear-Pneus vertraute. Erstmals seit Jahrzehnten mussten die Reifen übrigens Rillen aufweisen, die Autos wurden außerdem 20 Zentimeter schmaler.

Das böse Erwachen kam in Melbourne. Schumacher war Dritter, aber der Rückstand von nur sieben Zehntel-Sekunden auf Silberpfeil-Pilot Mika Häkkinen machte Hoffnung. Doch dann war das Rennen des Deutschen schon in der sechsten Runde zu Ende. Wütend warf Michael das Lenkrad weg –

weniger aus Frust wegen des Motorschadens. Vielmehr wusste er, dass er schon wieder einem Phantom hinterherfahren musste, das diesmal triumphierend an der McLaren-Box stand: Designer-Genie Adrian Newey war von Williams zu McLaren gewechselt. Wie so oft war ihm der große Wurf gelungen. Ein Doppelsieg von Häkkinnen und Coulthard und die Überrundung des Restfeldes zeigten an, wer 1998 die Nase vorn hatte.

Trotz allem Optimist

Die drei Wochen bis Brasilien reichten nicht, um den Ferrari zu verbessern. Im Gegenteil: Der besonders die Aerodynamik fordernde Kurs in São Paulo ließ Schumacher im Training sogar 1,2 Sekunden hinter Häkkinen zurückfallen. Und das, obwohl die FIA ein neues Bremssystem des McLaren verboten hatte. Schumacher konnte mit letztem Einsatz Dritter werden und ließ den Kopf nicht hängen: „Letztes Jahr habe ich hier nur zwei Punkte geholt und trotzdem um den Titel gekämpft."

In Argentinien schlug seine Stunde. Auf dem Micky-Maus-Kurs von Buenos Aires kam die überlegene Aerodynamik des McLaren nicht richtig zur Geltung, Schumacher dagegen konnte sich mit dem Ferrari austoben wie einst auf der Kerpener Kartbahn. Nach fünf Runden tauchte er in eine kleine Lücke ein, die der von einem störrischen Getriebe geplagte Coulthard offen ließ. Als der

Das zweite Jahr gemeinsam auf der Jagd nach Punkten: Michael und Ralf, ein Herz und eine Seele.

Schotte die Tür wieder zumachen wollte, war es zu spät. Der Ferrari drehte den McLaren um die eigene Achse. Danach raste Schumacher seinem ersten Saisonsieg entgegen, Coulthard hechelte mit Schaum vorm Mund auf Rang sechs hinterher. Ross Brawn zu Michaels Attacke: „Riskant. Und sehr gut, wenn es klappt."

Beim Heimspiel in Imola tauchte Ferrari mit zusätzlichen Flügeln an der Airbox auf. Trotzdem war gegen die McLaren nichts zu machen. Doch Glück im Unglück: Häkkinen fiel mit Getriebeschaden aus, Schumacher feierte den zweiten Platz deshalb wie einen Sieg. Denn von Anfang an sah er Mika Häkkinen als seinen Gegner an, auch wenn diesmal Coulthard gewann.

Das Rennen in Barcelona hatte er schon von vornherein abgehakt – dort, das wusste er, hätte er keine Chance gegen die Autos von Adrian Newey, die in Spanien wie auf Schienen fuhren. Sein dritter Platz war genau das, was er erwartet hatte. Seine Hoffnung bezog sich viel eher auf Monaco, eine seiner Lieblingsstrecken. Umso erstaunter war er, dass ihm Mika Häkkinen in den engen Gassen zwischen Casino und Rascasse fast eine Sekunde im Training abnehmen konnte. Im Rennen traf es ihn noch schlimmer: Bei einem Duell mit dem Österreicher Alexander Wurz verbog er sich die Radaufhängung: Drei Runden lang dauerte die Reparatur, nur zu Testzwecken nahm er das Rennen wieder auf. Mit zwei Runden Rückstand auf den souveränen Sieger Häkkinen

In Imola wuchsen dem Ferrari Flügelchen. Die FIA fand's hässlich und gefährlich: Verboten.

Die neuen Rivalen um Platz 1 kennen und schätzen sich seit gemeinsamen Formel-3-Zeiten.

Die Chance nutzen: Schnell mal einen Blick riskieren, was es bei der Konkurrenz Neues gibt.

Eddie, Michael und Jean Todt leerten gemeinsam zwei Flaschen auf dem Siegerpodest in Argentinien. Schumis erster Saisonsieg.

Beim Spanien-GP war Michael zu schnell – leider in der Boxengasse. Eine 10-Sekunden-Strafe warf ihn weit zurück. Er wurde Dritter.

kam Schumacher schließlich als Zehnter ins Ziel. Aus geplanten zehn Punkten hatte er keinen einzigen aus seiner früheren Wahlheimat mitgenommen. Die WM schien gelaufen, mit 25 Punkten Rückstand auf den Finnen.

Drei Siege in Folge

Aber immer wenn die Experten Michael Schumacher abschreiben wollen, meldet er sich umso stärker zurück. Er gewann in Kanada, auch wenn es heftige Diskussionen gab, als er bei der Boxenausfahrt den anstürmenden Frentzen ins Kiesbett abdrängte. Schumacher schwor: „Ich habe ihn nicht gesehen." Er gewann in Frankreich und schließlich sogar in Silverstone, der Heimstrecke von McLaren.

Die Arbeit hatte sich ausgezahlt: Stetig hatte Schumacher den Ferrari verbessert. Er machte zudem Reifenlieferant Goodyear Feuer unterm Hintern, damit der amerikanische Reifenproduzent den Rückstand auf Konkurrent Bridgestone ausglich.

Parallel zum stärker werdenden Ferrari-Bridgestone-Paket begann McLaren Fehler zu machen. In Montreal wurden die Silberpfeile Opfer technischer Probleme. In Frankreich hängten gleich beide Ferrari Häkkinen beim Neustart ab.

Und in England kam noch Glück hinzu: Souverän führte Häkkinen bei wechselhaftem Wetter trotz eines Ausrutschers vor Schumacher. Als bei strömendem Regen das Safety-Car eingesetzt wurde, kam Schumacher wieder heran. Allerdings hatte er vorher bei schlechter Sicht Wurz überholt – leider unter gelber Flagge, was verboten ist. Die FIA-Kommissare klingelten ihn zu einer 10-Sekunden-Strafe an die Box – allerdings warteten sie damit bis drei Runden vor Schluss. Strategie-Genie Ross Brawn war schlitzohrig genug, die FIA-Regeln auszuloten: Drei Runden hat ein Fahrer Zeit, um die Strafe abzustehen. Und prompt bog Schumi in dieser dritten Runde ab – und überfuhr die Ziellinie in der Box. Er war Sieger.

McLaren protestierte lauthals aber vergebens gegen diesen Sieg. Die Schuld wurde den zaudernden Rennkommissaren gegeben. FIA-Chef Mosley versicherte: „Es gibt keine Verschwörung zugunsten Ferraris."

Krach mit Ron Dennis

Innerhalb von drei Rennen hatte Schumacher seinen Rückstand auf Häkkinen auf lumpige zwei Punkte redu-

ziert. McLaren wurde langsam nervös. Ron Dennis schnauzte Schumacher beim nächsten Rennen in Österreich an, der Ferrari wäre illegal, hätte eine unerlaubte Bremskraftverstellung. Schumacher konterte trocken: „Wenn du unser Auto für faul hälst, dann protestiere doch dagegen." Das tat der McLaren-Chef natürlich nicht.

Brauchte er auch nicht: Denn sein Nummer-1-Pilot zeigte, dass er längst zu einem würdigen Gegenspieler von Michael Schumacher geworden war. Rundenlang jagte der Deutsche auf dem A1-Kurs seinen finnischen Konkurrenten, dann machte er einen Fehler. Schumacher kam in der letzten Kurve vor Start-und-Ziel von der Fahrbahn ab, sein Ferrari hoppelte wie ein störrischer steierischer Geißbock über das Kiesbett und warf schließlich seinen Frontspoiler ab. Als 16. kam er wieder aus der Box heraus und kämpfte sich wieder bis auf den vierten Platz vor. Teamkollege Eddie Irvine wartete schließlich auf ihn und ließ ihn passieren. „Starke Bremsprobleme", gab Irvine unter starkem Gelächter der Weltpresse später als Ursache dafür an, dass Schumacher ihn überholen konnte.

Michael hinterher: „Stallorder ist doch verboten. Also müssen wir so einen Mist erzählen."

Ausgerechnet beim Heimspiel in Hockenheim lief der Ferrari überhaupt nicht. Sogar Jacques Villeneuve im Williams war schneller und, schlimmer noch, Damon Hill im Jordan landete vor Schumi auf Platz vier. Doch in Ungarn lieferten Schumacher und Stratege Ross Brawn ein geniales Rennen ab. Obwohl die McLaren eindeutig schneller waren, gewann Michael Schumacher das Rennen – es war einer seiner größten Siege.

Ross Brawn erzählt: „Eigentlich war Michael wie die beiden McLaren auf zwei Stopps eingestellt. Doch er hing hinter ihnen fest, deshalb habe ich ihm in Runde 17 gesagt: Komm rein, wir machen drei Stopps." In der 43. Runde wurde er zum zweiten Mal reingeholt, mit ganz wenig Sprit auf die Piste zurückgeschickt. Bei McLaren gingen keine Alarmlampen an, sie tankten ihre beiden Wagen randvoll. Brawn: „Ich sagte Michael: Du hast jetzt 17 Runden Zeit, um 25 Sekunden Vorsprung rauszuholen." Michael funkte zurück: „Danke, Ross, du bist ein echter Freund." Er fegte 17 Runden im Qualifying-Tempo um den Kurs, kam sogar auf 27 Sekunden Vorsprung – und blieb auch nach dem dritten

Im (Wind-) Schatten seines großen Bruders fährt Ralf Schumacher in Silverstone das bislang beste Rennen seiner noch jungen Formel-1-Karriere.

Stopp vor den Silberpfeilen. Mika Häkkinen wurde mit defekter Spurstange auf Rang sechs zurückgereicht.

Ardennen-Schlacht

Nur noch sieben Punkte Rückstand hatte Schumacher, und jetzt kam Spa. Seine Schicksalstrecke: Erstes Rennen, erster Sieg, Disqualifikation, usw.

Diesmal regnete es. David Coulthard sorgte für den größten Crash der Formel-1-Geschichte. Er drehte sich mitten auf der Abfahrt zur Eau Rouge, elf Autos kollidierten spektakulär hinter ihm. Nach 40 Minuten war der teuerste Schrottplatz der Welt endlich beseitigt und es konnte ein zweites Mal gestartet werden. Häkkinen drehte sich gleich in La Source und wurde vom anstürmenden Johnny Herbert im Sauber torpediert.

Schumacher fuhr darauf allen auf und davon. Niemand schien ihn stoppen zu können, bis er in der 34. Runde auf David Coulthard auflief, der zum Überrunden anstand. Drei Runden blockierte der McLaren-Pilot den Deutschen, dann kam es zur Kollision: Schumacher fuhr auf und der Ferrari verlor ein Rad. Schumacher stürmte wutentbrannt in die McLaren-Box, um Coulthard an den Kragen zu gehen: „Verdammt, du wolltest mich umbringen!“ Der Schotte beteuerte bei einem lauten Wortwechsel seine Unschuld und sprach von einem Missverständnis.

Gewonnen hatte das Rennen übrigens Damon Hill, der Ex-Weltmeister von 1996. Mit einer knappen Sekunde vor dem frustrierten Schumi-Bruder Ralf, der per Teamorder am Überholen gehindert wurde.

Sieg in Monza

Der Verlust von sicher geglaubten zehn Punkte tat weh. Monza stand vor der Tür. Doch die Chancen, auf der Hochgeschwindigkeitspiste im königlichen Park zu gewinnen, waren nicht gut. Auch auf der Speedstrecke Hockenheim hatte es ja ein Desaster gegeben. Umso erstaunlicher wirkte deshalb die Pole-Position – zumal es für Michael die erste in diesem Jahr war. Doch der Trainingseuphorie folgte sogleich der Frust nach dem Start. Beide McLaren drückten sich am Ferrari vorbei. Alles schien auf einen weiteren Doppelsieg der Silberpfeile hinauszulaufen, als Häkkinen plötzlich langsamer wurde und Stallgefährte Coulthard vorbeilassen musste. In Runde 17 verabschiedete sich der Mercedes-Motor des Schotten jäh in einer riesigen Qualmwolke. Ausgerechnet in dem Mercedes-Nebel konnte Schumacher Häkkinen austricksen. Die Tifosi flippten aus: Schumacher und Ferrari gewannen, wie zwei Jahre zuvor, den Großen Preis von Italien, und Irvine sorgte durch einen Ferrari-Doppelsieg noch für eine Steigerung.

Zwei Rennen vor Schluss der WM hatte Schumacher mit 80 Punkten mit Häkkinen gleichgezogen – die Weltmeisterschaft war greifbar nahe.

Frust am Nürburgring

Am Nürburgring hatte Schumacher den ersten Matchball in der Hand. Es begann auch perfekt: Wieder fuhr er auf Pole und, noch besser, sogar sein Adjutant Eddie Irvine konnte sich in der Startaufstellung vor Mika Häkkinen schieben. Selbst der Start klappte diesmal, Schumacher bog vor Irvine ins gefürchtete Castrol-S ein. Doch der Ire konnte Mika Häkkinen nur 13 Runden aufhalten. Brillant bremste ihn Häkkinen aus und jagte darauf Schumacher wie entfesselt. Dessen Reifen bauten schneller ab und er hatte keine Chance zur Gegenwehr. Häkkinen überholte Schumacher beim Boxen-

Beim Belgien-GP riss David Coulthard 13 Piloten in den größten Unfall der F1-Geschichte. Michael kam durch, Eddie Irvine strandete.

Michaels Super-GAU in Spa: Beim Überrunden fuhr er auf Coulthards McLaren auf. Er verlor dabei ein Rad und seinen sicheren Sieg.

Ralf durfte nicht gewinnen, Damon Hill machte Freudenhopser.

Freud und Leid in der Eifel: Küsse für Mika, Frust für Michael.

Irvine und Coulthard lassen den neuen Champ Mika hochleben.

Traum verschoben: Nach seinem Reifenplatzer verfolgte Michael Mikas WM-Sieg auf der Leinwand.

stopp und blieb vorn. Enttäuscht gestand Schumi ein: „Ich hätte Mika heute nicht schlagen können."

Vor dem letzten Rennen hatte er vier Punkte Rückstand. Ein Sieg in Japan war Pflicht. Aber, was schlimmer war: Er musste zusätzlich auf Eddie Irvine hoffen, der vor Häkkinen ins Ziel kommen musste. Bei Punktgleichstand nämlich würde die größere Anzahl von Häkkinens Siegen den Ausschlag für den Finnen geben.

Motor aus

Im Training fuhr Schumacher das dritte Mal hintereinander die schnellste Trainingszeit. Nachdem der erste Start abgebrochen wurde, weil Prost-Pilot Jarno Trulli den Motor abwürgt hatte, brachte der zweite Start schon eine Vorentscheidung: Diesmal ging Schumacher der Motor aus. Die Kupplung wurde heiß, er musste sich hinten anstellen. Verzweifelt jagte er hinter dem Feld her, schaffte es gar auf den dritten Platz, doch in der 32. Runde platzten mit dem linken Hinterreifen auch die Titelträume. Bitterer Abschied für Goodyear – die Amerikaner hatten ihren Rückzug aus der Formel 1 verkündet.

Wie ein Häufchen Elend lehnte sich Michael an die Leitplanke und beobachtete die Kollegen. Er war so nah dran und dann hatte es wieder nicht geklappt. Später erzählte er: „Ich hatte weniger Frust als in Jerez. Ich hatte ja nichts verkehrt gemacht. Klar, ich hätte die neue Kupplung, die nicht richtig getestet werden konnte, nicht nehmen müssen. Aber ich wollte sie unbedingt haben, weil sie mir normalerweise einen besseren Start ermöglicht hätte."

Mit dem Gewinn der Weltmeisterschaft 1998 wurde Ferrari entthront: McLaren führte mit 10:9 Weltmeistertiteln. Bei den Konstrukteurstiteln stand es 8:8 – nur Williams hatte einen Titel mehr in der Bilanz.

Bei den beiden Spitzenteams wurden keine personellen Veränderungen für 1999 angekündigt. Wohl aber bei Williams und Jordan: Dort tauschten Ralf Schumacher und Heinz-Harald Frentzen die Cockpits. Und auch Michaels Ex-Rivale Jacques Villeneuve verließ Williams: Er unterschrieb beim neuen BAR-Team seines Managers Craig Pollock.

ERGEBNISSE 1998

8.3., Australien (Melbourne)
Pole: Häkkinen (FIN), McLaren-Merc.
1. Häkkinen (FIN), McLaren-Mercedes
2. Coulthard (GB), McLaren-Mercedes
3. Frentzen (D), Williams-Mécachrome

M. Schumacher: Motor 6. Runde

29.3., Brasilien (Interlagos)
Pole: Häkkinen (FIN), McLaren-Merc.
1. Häkkinen (FIN), McLaren-Mercedes
2. Coulthard (GB), McLaren-Mercedes
3. M. Schumacher (D), Ferrari

12.4., Argentinien (Buenos Aires)
Pole: Coulthard (GB), McLaren-Merc.
1. M. Schumacher (D), Ferrari
2. Häkkinen (FIN), McLaren-Mercedes
3. Irvine (GB), Ferrari

26.4., San Marino (Imola)
Pole: Coulthard (GB),McLaren-Merc.
1. Coulthard (GB),McLaren-Mercedes
2. M. Schumacher (D), Ferrari
3. Irvine (GB), Ferrari

10.5., Spanien (Barcelona)
Pole: Häkkinen (FIN), McLaren-Merc.
1. Häkkinen (FIN), McLaren-Mercedes
2. Coulthard (GB),McLaren-Mercedes
3. M. Schumacher (D), Ferrari

24.5., Monaco (Monte Carlo)
Pole: Häkkinen (FIN), McLaren-Merc.
1. Häkkinen (FIN), McLaren-Mercedes
2. Fisichella (I), Benetton-Playlife
3. Irvine (GB), Ferrari
10. M. Schumacher (D), Ferrari

7.6., Kanada (Montreal)
Pole: Coulthard (GB), McLaren-Merc.
1. M. Schumacher (D), Ferrari
2. Fisichella (I), Benetton-Playlife
3. Irvine (GB), Ferrari

28.6., Frankreich (Magny-Cours)
Pole: Häkkinen (FIN), McLaren-Merc.
1. M. Schumacher (D), Ferrari
2. Irvine (GB), Ferrari
3. Häkkinen (FIN), McLaren-Mercedes

12.7., England (Silverstone)
Pole: Häkkinen (FIN), McLaren-Merc.
1. M. Schumacher (D), Ferrari
2. Häkkinen (FIN), McLaren-Mercedes
3. Irvine (GB), Ferrari

26.7., Österreich (Spielberg)
Pole: Fisichella (I), Benetton-Playlife
1. Häkkinen (FIN), McLaren-Mercedes
2. Coulthard (GB), McLaren-Mercedes
3. M. Schumacher (D), Ferrari

2.8., Deutschland (Hockenheim)
Pole: Häkkinen (FIN), McLaren-Merc.
1. Häkkinen (FIN), McLaren-Mercedes
2. Coulthard (GB), McLaren-Mercedes
3. Villeneuve (CAN), Williams-Mécachr.
5. M. Schumacher (D), Ferrari

16.8., Ungarn (Budapest)
Pole: Häkkinen (FIN), McLaren-Merc.
1. M. Schumacher (D), Ferrari
2. Coulthard (GB), McLaren-Mercedes
3. Villeneuve (CAN), Williams-Mécachr.

30.8., Belgien (Spa-Francorchamps)
Pole: Häkkinen (FIN), McLaren-Merc.
1. Hill (GB), Jordan-Mugen-Honda
2. R. Schumacher (D), Jordan-Mugen-Honda
3. Alesi (F), Sauber-Petronas

M. Schumacher: Unfall 26. Runde

13.9., Italien (Monza)
Pole: M. Schumacher (D), Ferrari
1. M. Schumacher (D), Ferrari
2. Irvine (GB), Ferrari
3. R. Schumacher (D), Jordan-Mugen-Honda

27.9., Luxemburg (Nürburgring)
Pole: M. Schumacher (D), Ferrari
1. Häkkinen (FIN), McLaren-Mercedes
2. M. Schumacher (D), Ferrari
3. Coulthard (GB), McLaren-Mercedes

1.11., Japan (Suzuka)
Pole: M. Schumacher (D), Ferrari
1. Häkkinen (FIN), McLaren-Mercedes
2. Irvine (GB), Ferrari
3. Coulthard (GB), McLaren-Mercedes

M. Schumacher: Reifen 32. Runde

Fahrer-WM

1.	Mika Häkkinen (FIN), McLaren-Merc.	100
2.	Michael Schumacher (D), Ferrari	86
3.	David Coulthard (GB), McLaren-Merc.	56
4.	Eddie Irvine (GB), Ferrari	47
5.	Jacques Villeneuve (CAN), Williams-Mécachrome	21
6.	Damon Hill (GB),Jordan-Mugen-H.	20
7.	Heinz-Harald Frentzen (D), Williams-Mécachrome	17
	Alexander Wurz (A), Benetton-Playlife	17
9.	Giancarlo Fisichella (I),Benetton-Playl.	16
10.	Ralf Schumacher (D),Jordan-Mugen-H.	14
11.	Jean Alesi (F), Sauber-Petronas	9
12.	Rubens Barrichello (BR), Stewart-Ford	4
13.	Mika Salo (FIN), Arrows	3
	Pedro Diniz (BR), Arrows	3
15.	Johnny Herbert (GB), Sauber-Petronas	1
	Jan Magnussen (DK), Stewart-Ford	1
	Jarno Trulli (I), Prost-Peugeot	1
18.	Shinji Nakano (J), Minardi-Ford	0
	Olivier Panis (F), Prost-Peugeot	0
	Ricardo Rosset (BR), Tyrrell-Ford	0
	Toranosuke Takagi (J), Tyrrell-Ford	0
	Esteban Tuero (ARG), Minardi-Ford	0
	Jos Verstappen (NL), Stewart-Ford	0

Konstrukteurs-WM

1.	McLaren-Mercedes	156
2.	Ferrari	133
3.	Williams-Mécachrome	38
4.	Jordan-Mugen-Honda	34
5.	Benetton-Playlife	33
6.	Sauber-Petronas	10
7.	Arrows	6
8.	Stewart-Ford	5
9.	Prost-Peugeot	1
10.	Tyrrell-Ford	0
	Minardi-Hart	0

Harmonischer Saisonausklang in Japan. Hintere Reihe von links: Jos Verstappen, Rubens Barrichello, Jean Alesi, Johnny Herbert, Jarno Trulli, Olivier Panis. Mitte von links: Mika Salo, Pedro Paulo Diniz, Giancarlo Fisichella, Alexander Wurz, Esteban Tuero, Shinji Nakano, Toranosuke Takagi, Ricardo Rosset. Vordere Reihe von links: Heinz-Harald Frentzen, Jacques Villeneuve, David Coulthard, Mika Häkkinen, Michael Schumacher, Eddie Irvine, Damon Hill, Ralf Schumacher.

1999: ZER

BROCHENE TRÄUME

Der Schicksalsmoment 1999: In Silverstone schlug Michael mit mindestens 100 km/h Restgeschwindigkeit in die Reifenstapel. Viele Millionen TV-Zuschauer hielten den Atem an, dachten an Ayrton Sennas Unfall. Dann hob Michael die Arme. Aber befreien konnte er sich nicht selbst. Ein gebrochenes Bein brachte das Ende aller WM-Hoffnungen für 1999.

Ein Jubiläum stand an: Exakt zwanzig Jahre lag der letzte Titelgewinn für Ferrari zurück. 1979 holte Jody Scheckter den Weltmeisterpokal für die Scuderia. Michael hatte den Titel versprochen – doch in der Mitte der Saison brach er sich ein Bein. Plötzlich schwächelte auch noch der finnische Konkurrent. Ums Haar hätte Michaels Teamkollege Eddie Irvine den Ruhm eingefahren...

Bis zum Rennen in Silverstone war noch alles im grünen Bereich. Das Projekt Weltmeisterschaft stand auf durchaus gesunden Beinen. Die alten Rivalen waren auch die neuen: Michael Schumacher sollte bei Ferrari von Eddie Irvine unterstützt werden. Und bei McLaren-Mercedes kämpften Weltmeister Mika Häkkinen und David Coulthard um Titelchancen.

Zum Auftakt in Melbourne lahmte der Ferrari F399 allerdings mächtig. Im Training fehlten Michael Schumacher 1,3 Sekunden auf Pole-Mann Häkkinen.

Noch schlimmer erging es ihm im ersten Rennen der Saison. Startprobleme, ein geplatzter Reifen und Hydraulikprobleme – alles kam für Schumacher zusammen. Mehr als Platz acht war nicht drin. Den Sieg holte ausgerechnet Schumi-Kollege Eddie Irvine – sein erster nach 80 vergeblichen Anläufen. „Er hat es wirklich verdient zu gewinnen", freute sich Michael Schumacher. „Er hat so lange darauf gewartet."

Eine fünf Wochen lange Pause bis zum nächsten Rennen gab allen Teams Zeit zu ausgiebigen Tests. Michael nutzte sie auf seine Weise: Er wurde zum zweiten Mal Papa. Am 22. März brachte Corinna einen gesunden Sohn zur Welt. Das Brüderchen von Gina Maria bekam einen kurzen, knackigen Namen: Mick.

Drei Wochen nach dem freudigen Ereignis gab's in Brasilien ein Zeichen der Hoffnung: Der Ferrari verpasste den Sieg nur um 4,9 Sekunden. Sieger Mika Häkkinen und Jäger Schumi hatten das gesamte Feld deklassiert – um mindestens eine Runde.

Der Formel-1-Tross zog nach Europa, nach Imola. Wie jedes Jahr wurde die Stadt zum „roten Planeten". Die Einwohner hängten ihre roten Ferrari-Fahnen aus dem Fenster, Autos fuhren hupend durch die Stadt, aus den geöffneten Fenstern brüllten Fahrer mit gelglänzendem schwarzem Haar und den modischen, dunklen Sonnenbrillen „Ferrariiiii." Ferrari ist für die Fans Lust und Leidenschaft, Selbstaufgabe beim Sieg, trotzige Tristesse in der Niederlage.

Triumph in Monza

Auf die Ferrari-Piloten wurde der Druck stets enorm groß. Und diesmal kam Eddie Irvine auch noch als WM-Führender nach Italien... Schumacher war aber trotz seiner sechs Punkte Rückstand auf den Iren nicht beunruhigt. „Bei meinem Teamkollegen hat sich eigentlich nichts verändert. Er ist happy und will noch mehr Erfolge haben", sagte er nüchtern, „dafür fährt er ja schließlich Rennen. Wenn aber alles normal verläuft, wird er weiterhin den Job machen, den er sonst auch getan hat." Soll heißen: Schumis Wasserträger sein.

Das Rennen wurde zur Triumphfahrt. Nachdem Pole-Mann Mika Häkkinen in der 18. Runde seinen Silberpfeil in der engen Schikane an Start-und-Ziel in der Mauer parkte, hatte Schumacher nur noch einen Gegner: David Coulthard. Wieder einmal funktionierte das Zusammenspiel mit Ferrari-Chefstratege Ross Brawn perfekt. Bei einem ganz kurzen zusätzlichen Boxenstopp nahm Schumi gerade so viel Sprit auf, dass er 13 Rekordrunden im Qualifying-Tempo hinlegen konnte. Sein Vorsprung war danach so groß, dass er beim regulären Boxenstopp vor Coulthard wieder auf die Strecke kam. Die Tifosi feierten Schumis Sieg enthusiastisch – der letzte Ferrari-Sieg auf der Hausstrecke Imola stand 1983 in den Annalen – herausgefahren von Patrick Tambay.

In Monaco war Michael Schumacher schon vorher sicher, dass er gewinnen kann: „Die Strecke kommt uns entgegen." Umso größer war die Enttäuschung, dass

In Imola duschte Michael Schumac

Startprobleme in der Formationsrur

…en Teamchef Jean Todt überglücklich mit Champagner ab. Mit seinem ersten Saison-Sieg übernahm er die Führung der WM-Tabelle.

…n ersten Rennen der Saison musste Michael vom letzten Platz starten.

81 Anläufe, der erste Sieg: Michael gratulierte Eddie in Mebourne.

Häkkinen in der letzten Sekunde dem Deutschen die schon sicher geglaubte Pole-Position entriss. Ein Grillabend auf der Terrasse seines Bruders steigerte seine Stimmung zwar wieder. Doch anders als seine Kollegen, ließ Schumacher nicht am trainingsfreien Freitag seine Seele baumeln. Er flog nach Maranello und übte Starts.

Es sollte sich auszahlen. Mit einem Raketenstart beschleunigte Schumacher den Finnen aus. Damit war das Rennen schon entschieden. Durch einen Dreher fiel Häkkinen auch noch hinter Eddie Irvine zurück. Doppelsieg in Monaco – Ferraris WM-Fahrplan schien aufzugehen. Schumacher führte mit 26 Punkten die Tabelle an, acht Punkte vor Irvine, zwölf vor Häkkinen.

Nach einem dritten Platz in Barcelona ließ sich der Kanada-Grand-Prix hoffnungsvoll an: Erstmals in der Saison 2000 stand Michael auf der Pole-Position. Bis fast zur Rennmitte konnte er Rang eins verteidigen – in Runde 30 allerdings klatschte Michael seinen Ferrari in der letzten Schikane gegen die Mauer. Er befand sich in guter Gesellschaft: Hier zerlegten an diesem Wochenende auch die Kollegen Ricardo Zonta, Damon Hill und Jacques Villeneuve ihre Boliden – drei Formel-1-Weltmeister immerhin unter den Gestrandeten.

Der Große Preis von Frankreich verlief auch nicht viel glücklicher. Im verregneten Training war Schumacher immerhin noch Sechster und lag damit acht Plätze vor Häkkinen. Im Rennen kämpfte sich der Deutsche zwischen Regenschauern und kurzen Sonnenminuten Platz für Platz an die Spitze. Bis zur 54. Runde lag er vorne – dann spielte das Lenkrad verrückt. Beim Boxenstopp ließ er es wechseln. Es nutzte nichts. Die Elektronik am Ferrari war völlig ausgefallen, das Auto schaltete in ein Notprogramm und war kaum noch fahrbar. Bruder Ralf, in diesem Jahr im Williams unterwegs, schnappte ihm frech noch den vierten Platz weg, und nur weil Kollege Eddie Irvine nicht attackierte, kam der waidwunde Schumi noch als Fünfter rein.

Glück im Unglück war, dass Heinz-Harald Frentzen mit einer taktischen Meisterleistung vor Häkkinen das Rennen gewann. Schumacher bedankte sich schulterklopfend bei seinem langjährigen Weggefährten: „Danke, Heinz-Harald, dass du Mika vier Punkte weggenommen hast."

Schock in Silverstone

Vor dem Großen Preis von England hatte Schumacher acht Punkte Rückstand auf Häkkinen, Irvine 14. Knapp eine Minute war das Rennen in Silverstone alt, da traf Formel-1-Zampano Bernie Ecclestone fast der Schlag. Sein erstes Rennen nach der überstandenen Bypass-Operation vor drei Wochen hatte sich der 68-Jährige anders vorgestellt. Er starrte wie versteinert in den kleinen Bildschirm im Winfield-Bus des Österreichers Karl-Heinz Zimmermann. Dort hält sich Ecclestone immer dann auf, wenn er Ruhe haben will. In seinem silbernen Bus, dem absoluten Machtzentrum in der Formel 1, wird er zu oft gestört, bei Mercedes oder Ferrari kann er sich aus politischen Gründen nicht platzieren.

Ecclestone sah, wie ein roter Ferrari ungebremst über das Kiesbett flog, sich nahezu im rechten Winkel durch zwei Reihen alter Autoreifen fraß und sich in die dahinterliegende Leitplanke aus Stahl bohrte.

Es war Michael Schumacher, der den „Big Bang" hatte. So nennen die Rennfahrer schwere, für den Fahrer nicht mehr zu verhindernde Unfälle. Millionen entsetzte Zuschauer in aller Welt sahen, dass Schumacher nicht mehr fähig war, aus dem demolierten Boliden zu klettern, der vorne gut fünfzig Zentimeter kürzer war als vor dem Aufprall. Ecclestone hielt es nicht mehr im Bus. Er ging so schnell es seine Kräfte zuließen in Richtung Streckenkrankenhaus, um selbst mit Streckendoktor Sid Watkins zu reden.

Ecclestones Befürchtung war zu verstehen. Rein persönlich, will er natürlich,

Beim Frankreich-GP fightete sich

Klasse: Der Monaco-Grand Prix e

Die WM-Leader Michael und Mika lieferten sich in Magny Cours ei

den Ferraris vorbei. Bruder Michael kämpfte mit Technik-Problemen.

einem Ferrari-Doppelsieg. Michael baute seinen WM-Vorsprung aus.

Weber mit goldener Nase: Er brachte Michaels Bruder zu Williams.

amatischen Zweikampf mit unerwartetem Ausgang. Sieger des Rennens wurde Jordan-Pilot HH Frentzen, der Shooting-Star des Jahres.

dass in seinem Zirkus nichts passiert. Aber wenn schon, dann am wenigsten bitte Michael Schumacher. Er ist die Leitfigur, für die meisten der „good guy“, für einige der „bad guy“, einer eben, an dem man sich reibt. Er ist der, der mit meist schlechterem Auto, aber kompensiert mit mehr Fahrtalent, schon seit drei Jahren mit der „heiligen Formel-1-Kuh“ Ferrari um den Titel fährt. Einfach gesagt: Er sorgt für die Spannung, für RTL-Einschaltquoten bis zu zwölf Millionen, für mehr Sponsoren und am Ende dieser Kette eben auch irgendwie dafür, dass Ecclestone mit seiner Formel 1 kurz vor Vollendung seines letzten großen Ziels steht: dem Gang seiner Formel 1 an die Börse.

WM SCHIEN GELAUFEN

Das Rennen wurde zur Nebensache. David Coulthard, der ungefährdet gewann, nachdem der McLaren seines Stallkollegen Häkkinen ein Hinterrad verloren hatte, war zwar happy über seinen Sieg, aber fügte hinzu: „Ich hoffe, Michael wird schnell wieder gesund.“ Heinz-Harald Frentzen reduzierte die Pflichtinterviews aufs Minimum und wollte sofort Aufnahmen von Schumachers Unfall sehen: „Es sah sehr schlimm aus. Meine Gedanken werden in den nächsten Tagen bei ihm sein und ich will jeden Tag wissen, wie es ihm geht.“

Bei Ferrari saß der Schock tief. Die WM schien gelaufen. Ihr Hoffnungsträger im Kampf gegen McLaren-Mercedes würde nach ersten vorsichtigen Schätzungen der Ärzte mindestens drei Rennen aussetzen müssen. Rennleiter Jean Todt konnte die Tränen kaum unterdrücken, Ferrari-Präsident Luca di Montezemolo sagte seinen Besuch bei der 100-Jahr-Feier von Fiat in Turin ab. Und Technik-Chef Ross Brawn versuchte wenigstens, einen klaren Gedanken zu fassen: „Mein erster Eindruck ist, dass die Hinterradbremsen nicht funktionierten und das Auto so kaum mehr zu stoppen war.“ Die späteren Untersuchungen ergaben, dass Brawn recht hatte. Einer der Mechaniker hatte eine Belüftungsschraube vergessen, das war’s.

Das erste Rennen ohne Schumacher stand in Österreich an. In Spielberg hatte sich noch kein Rad gedreht, da war die Lücke schon zu erkennen, die der deutsche Doppelweltmeister hinterlassen hat. Weltmeister Mika Häkkinen hatte ihm ein Fax in sein Schweizer Haus geschickt: „Sei bald wieder bei uns!“ Jean Alesi, Schumachers einziger Freund unter den Formel-1-Fahrern, sprach aus, was andere lediglich dachten: „Er wird an allen Ecken und Enden fehlen. Denn Rennen und Siege ohne ihn sind einfach nur die Hälfte wert.“

30.000 weniger Zuschauer als angekündigt kamen nach Spielberg – besonders an den Tageskassen wurden die Schlangen kleiner. Und Manager Willi Weber ahnte: „Schon jetzt wollen Tausende ihre Eintrittskarten für Hockenheim wieder loswerden.“

Spannend wurde es trotzdem noch in der Schumacher-losen Zeit. Eddie Irvine wuchs plötzlich über sich hinaus. Er gewann in Österreich und in Deutschland. Der Finne Mika Salo, dem Michaels Ferrari anvertraut wurde, half Eddie per Stallorder nach Kräften. Auch bei den übrigen Rennen sammelte er fleißig Punkte – 34 holte er während der sechs Rennen, in denen Schumi nicht dabei war. Immer wieder stieg der Deutsche ins Testauto – und zögerte damit den Heilungsverlauf eher hinaus.

MIKA OHNE BISS

Und Mika Häkkinen? Der Finne war plötzlich, ohne Sparringpartner Michael, nur noch ein Schatten seiner selbst. In acht Rennen gelang dem Weltmeister ein einziger Sieg. Unkonzentriert drehte er sich in Monza ins Aus und hockte Minuten später heulend im Wald.

Schumi-Manager Weber sarkastisch: „Das ist eine Super-Saison für Michael. Schade, dass er nicht dabei ist.“

Eddie Irvine gab nach dem Monza-Debakel, das er auf Rang 6 beendete, zu: „Das Team tritt seit fünf Rennen auf der Stelle.“ Genauso lang fehlte Michael als Entwickler.

Auf dem Nürburgring wurde besonders deutlich, wo Ferrari ohne Schumacher stehen würde: Bei Eddies Boxenstopp fehlte Rad Nummer vier. 28 Sekunden wurde danach gesucht. Eddie landete nach der Lachnummer auf Rang 7 – bei einem denkwürdigen Rennen, dessen Sieger völlig unerwartet Johnny Herbert auf Stewart hieß.

Genesungswünsche für Schumi

Ersatzmann: Mika Salo

Michael hätte im Ferrari F 399 o

Nach Michaels Beinbruch gewann Eddie Irvine in Österreich überraschend. Mika wirkte über seinen zweiten Rang „not amused".

nbruch die WM locker gewonnen. Das Auto war pefekt konstruiert.

In Monza siegte Frentzen vor Mika Salo und Schumi-Bruder Ralf.

Tränen in Monza: Frustrierter Mika Häkkinen nach seinem Ausfall.

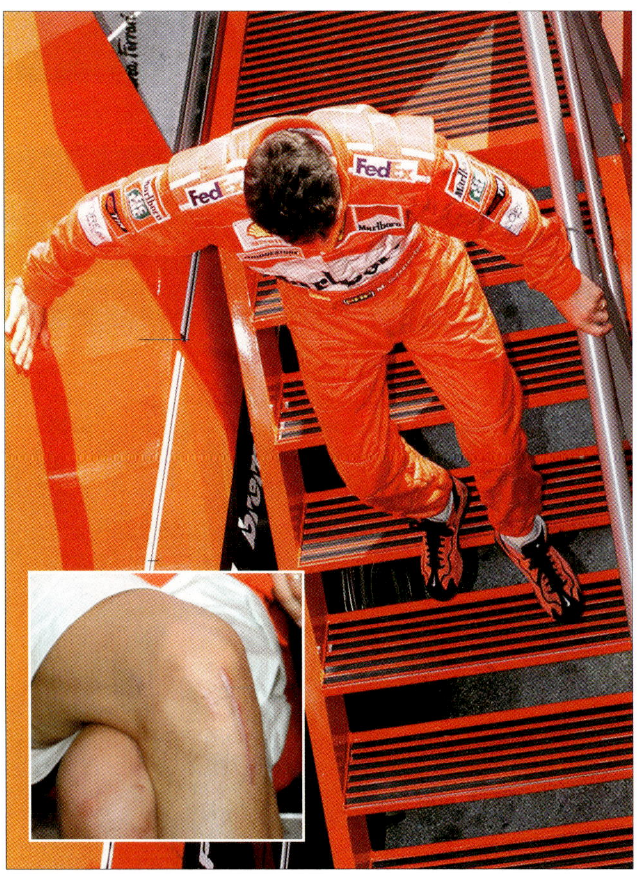

Rückkehr: Michaels Beinbruch war nach drei Monaten gut verheilt.

Zum vorletzten Rennen in Malaysia kam Eddie mit zwei Punkten Rückstand auf Mika. Noch einer kam: Die Ärzte hatten Michael Schumacher grünes Licht gegeben. Chancen auf den Titel hatte er nicht mehr, wohl aber Eddie Irvine. Sollte an den ungeliebten Adjutanten nun der Ruhm fallen, Ferrari aus der 20-jährigen WM-Flaute zu führen? Michael gab sich in Interviews loyal: „Ich arbeite für das Team.“ Präsident Montezemolo hatte den Deutschen weich geklopft: Eine solche Chance durfte sich Ferrari nicht entgehen lassen.

Der Alphawolf ist zurück

Auf dem neuen Kurs Sepang in der Nähe des Flughafens von Kuala Lumpur war es gleich, als wäre er nie weg gewesen: Die Stars der Schumacher-losen letzten sechs Rennen wurden schnell wieder zu Randfiguren. Schumacher übernahm nicht das Kommando, die anderen gaben es ihm. Das Rudel hatte seinen Alpha-Wolf wieder.

Michael, beim Gehen das Bein noch nachziehend, knallte den Ferrari sofort auf die Pole-Position. Eine ganze Sekunde, welch eine Welt in der Formel 1, nahm er seinem Teamkollegen und den McLaren-Piloten ab. Als sich das Rennen dem Ende neigte, hieß die Reihenfolge an der Spitze Schumacher, Irvine, Häkkinen. Und als es dann zu Ende ging, lüpfte Michael erwartungsgemäß den Zeh vom Gaspedal und ließ Eddie vorbeiziehen. Danach stand es 70 zu 66

Couthard überraschte Schumi ern

zwischen Eddie und Mika – zu Gunsten des Iren.

Doch es folgte eine in der Formel-1-Geschichte einmalige Komödie. Die Rennkommissare stellten drei Stunden nach dem Rennen beim Nachmessen fest, dass die vorderen Windabweiser des Ferrari fünf Millimeter zu groß waren. Damit wäre Mika vorzeitig am grünen Tisch Weltmeister geworden. Ferrari legte Berufung ein. Bei der Verhandlung entschieden die Richter, dass die FIA-Kommissare falsch gemessen hätten und gaben

Malaysia quetschte er sich in einer Überraschungsattacke an dem Ferrari-Star vorbei auf Rang 2 – ehe ihn ein Motorschaden stoppte.

Ferrari die Punkte zurück. Die WM blieb offen, die Entscheidung musste – wie immer seit 1996 – im letzten Rennen fallen.

Eddie Irvine hatte den Weltmeistertitel auf dem Silbertablett liegen. Er musste nur einen Sieg von Mika Häkkinen verhindern. Fast jedes andere Ergebnis hätte ihn zum Weltmeister gemacht.

Dabei hatte er ein Ass im Ärmel, das in Wahrheit keines war. Pole-Mann Michael Schumacher war der Mann, der Häkkinen den Sieg strei-

In Malaysia schenkte Michael seinem Teamkollegen Eddie Irvine den Sieg. Eddie hatte Titelchancen.

Ziel erreicht: Mika hatte seinen zweiten WM-Titel, Michael den Konstrukteurstitel für Ferrari errungen, Irvine als Weltmeister verhindert.

tig machen musste. Aber der Deutsche hatte natürlich kein Interesse daran, dass der Teamkollege die Früchte aus fünfjähriger Arbeit erntete...

Michael gelang eine Punktlandung mit Platz zwei hinter Häkkinen: Damit war der Finne zwar wiederum Weltmeister. Aber zumindest verhalf Michael dem Ferrari-Team zur Konstrukteursmeisterschaft – der ersten seit 1983.

Irvine, der in Suzuka mit anderthalb Minuten Rückstand auf Rang 3 landete, verpasste die Chance seines Lebens. Er wurde Vizeweltmeister. Dritter der WM 1999 war Heinz-Harald Frentzen geworden. Michael nahm den ungewohnten fünften Rang ein, sein Bruder Ralf den sechsten.

Viele Zeitungen warfen Schumacher nach dem Suzuka-Rennen vor, er wäre nicht voll gefahren, um Irvine nicht zum Weltmeister zu machen. Den Vorwürfen hielt Schumacher das logischste aller Argumente entgegen: „Mika war einfach zu stark. Eddie hatte es ja auch selbst in der Hand. Er hätte einfach schneller fahren müssen."

Es war das letzte Rennen des Iren für die Scuderia. Schon im Sommer hatte Eddie Irvine einen Vertrag mit dem Stewart-Team unterschrieben, das ab 2000 Jaguar hieß. Ferrari gab sich mit der Ersatzfrage wenig Mühe: Man übernahm einfach den Mann, den Eddie bei Stewart verdrängte – den Brasilianer Rubens Barrichello. Gleich von Anfang an bezeichnete er sich als Fahrer „1b".

Zum 1c-Fahrer war im Laufe der Saison Damon Hill abgerutscht, drei Jahre lang Michaels größter Rivale auf der Strecke. Er war im Jordan-Team von Heinz-Harald Frentzen pulverisiert worden: Punktestand am Saisonende 54:7. Damon, mit 39 Jahren der älteste Pilot, fühlte, dass seine Zeit abgelaufen war. Er unterschrieb keinen neuen Vertrag.

ERGEBNISSE 1999

7.3., Australien (Melbourne)
Pole: Häkkinen (FIN), McLaren-Merc.
1. Irvine (GB), Ferrari
2. Frentzen (D), Jordan-Mugen-Honda
3. R. Schumacher (D), Williams-Supertec
8. M. Schumacher (D), Ferrari

11.4., Brasilien (Interlagos)
Pole: Häkkinen (FIN), McLaren-Merc.
1. Häkkinen (FIN), McLaren-Mercedes
2. M.Schumacher (D), Ferrari
3. Frentzen (D), Jordan-Mugen-Honda

2.5., San Marino (Imola)
Pole: Häkkinen (FIN)), McLaren-Merc.
1. M. Schumacher (D), Ferrari
2. Coulthard (GB), McLaren-Mercedes
3. Barrichello (BR), Steward-Ford

16.5., Monaco (Monte Carlo)
Pole: Häkkinen (FIN), McLaren-Merc.
1. M. Schumacher (D), Ferrari
2. Irvine (GB), Ferrari
3. Häkkinen (FIN), McLaren-Mercedes

30.5., Spanien (Barcelona)
Pole: Frentzen (D), Williams-Renault
1. Häkkinen (FIN), McLaren-Mercedes
2. Coulthard (GB), McLaren-Mercedes
3. M. Schumacher (D), Ferrari

13.6., Kanada (Montreal)
Pole: M. Schumacher (D), Ferrari
1. Häkkinen (FIN), McLaren-Mercedes
2. Fisichella (I), Benetton-Playlife
3. Irvine (GB), Ferrari
M. Schumacher: Unfall 30. Runde

27.6., Frankreich (Magny-Cours)
Pole: Barrichello (D), Steward-Ford
1. Frentzen (D), Jordan-Mugen-Honda
2. Häkkinen (FIN), McLaren-Mercedes
3. Barrichello (BR), Steward-Ford
5. M. Schumacher (D), Ferrari

11.7., England (Silverstone)
Pole: Häkkinen (FIN), McLaren-Merc.
1. Coulthard (GB), McLaren-Mercedes
2. Irvine (GB), Ferrari
3. R. Schumacher (D), Williams-Supertec
M. Schumacher: Unfall 1. Runde

25.7., Österreich (Zeltweg)
Pole: Häkkinen (FIN), McLaren-Merc.
1. Irvine (GB), Ferrari
2. Coulthard (GB), McLaren-Mercedes
3. Häkkinen (FIN), McLaren-Mercedes

1.8., Deutschland (Hockenheim)
Pole: Häkkinen (FIN), McLaren-Merc.
1. Irvine (GB), Ferrari
2. Salo (FIN), Ferrari
3. Frentzen (D), Jordan-Mugen-Honda

15.8. Ungarn (Budapest)
Pole: Häkkinen (FIN), McLaren-Merc.
1. Häkkinen (FIN), McLaren-Mercedes
2. Coulthard (GB), McLaren-Mercedes
3. Irvine (GB), Ferrari

29.8., Belgien (Spa-Francorchamps)
Pole: Häkkinen (FIN), McLaren-Mercedes
1. Coulthard (GB), McLaren-Mercedes
2. Häkkinen (FIN), McLaren-Mercedes
3. Frentzen (D), Jordan-Mugen-Honda

12.9., Italien (Monza)
Pole: Häkkinen (FIN), McLaren-Mercedes
1. Frentzen (D), Jordan-Mugen-Honda
2. R. Schumacher (D), Williams-Supertec
3. Salo (FIN), Ferrari

26.9., Europa (Nürburgring)
Pole: Frentzen (D), Jordan-Mugen-Honda
1. Herbert (GB), Stewart-Ford
2. Trulli (I), Prost-Peugeot
3. Barrichello (BR), Stewart-Ford

17.10., Malaysia (Sepang)
Pole: M. Schumacher (D), Ferrari
1. Irvine (GB), Ferrari
2. M. Schumacher (D), Ferrari
3. Häkkinen (FIN), McLaren-Mercedes

31.10., Japan (Suzuka)
Pole: M. Schumacher (D), Ferrari
1. Häkkinen (FIN), McLaren-Mercedes
2. M. Schumacher (D), Ferrari
3. Irvine (GB), Ferrari

FAHRER-WM

1.	Mika Häkkinen (FIN), McLaren-Merc.	76
2.	Eddie Irvine (GB), Ferrari	74
3.	Heinz-Harald Frentzen (D), Jordan-Mugen-Honda	54
4.	David Coulthard (GB), McLaren-Merc.	48
5.	Michael Schumacher (D), Ferrari	44
6.	Ralf Schumacher (D),Williams-Supertec	35
7.	Rubens Barrichello (BR), Stewart-Ford	21
8.	Johnny Herbert (GB), Stewart-Ford	15
9.	Giancarlo Fisichella (I), Benetton-Supertec	13
10.	Mika Salo (FIN), BAR-Supertec/Ferrari	10
11.	Jarno Trulli (I), Prost-Peugeot	7
	Damon Hill (GB), Jordan-Mugen-Honda	7
13.	Alexander Wurz (A), Benetton-Supertec	3
	Pedro Diniz (BR), Sauber-Petronas	3
15.	Jean Alesi (F), Sauber-Petronas	2
	Olivier Panis (F), Prost-Peugeot	2
17.	Marc Gené (E), Minardi-Ford	1
	Pedro de la Rosa (E), Arrows	1

Ohne Punkte: Alessandro Zanardi (I), Williams; Taranosuke Takagi (J), Arrows; Jacques Villeneuve (CAN), BAR; Ricardo Zonta (BR), BAR; Luca Badoer (I), Minardi; Stefane Sarrazin (F), Minardi

KONSTRUKTEURS-WM

1.	Ferrari	128
2.	McLaren-Mercedes	124
3.	Jordan-Mugen-Honda	61
4.	Stewart-Ford	36
5.	Williams-Supertec	35
6.	Benetton-Supertec	16
7.	Prost-Peugeot	9
8.	Sauber-Petronas	5
9.	Arrows	1
10.	Minardi-Ford	1
11.	BAR-Supertec	0

Gruppenfoto zum Saisonauftakt 1999 in Melbourne. Hinten von links: Jean Alesi, Pedro Paulo Diniz, Jacques Villeneuve, Ricardo Zonta, Rubens Barrichello, Johnny Herbert. Mitte von links: Pedro de la Rosa, Toranosuke Takagi, Alessandro Zanardi, Ralf Schumacher, Heinz-Harald Frentzen, Damon Hill, Luca Badoer, Marc Genè. Vorne von links: Giancarlo Fisichella, Alexander Wurz, David Coulthard, Mika Häkkinen, Michael Schumacher, Eddie Irvine, Jarno Trulli, Olivier Panis.

2000: TITEL FÜR

DIE EWIGKEIT

Endlich am Ziel: Nach fünf Ferrari-Jahren gewann Michael mit dem Großen Preis von Japan vorzeitig den Weltmeistertitel für die Scuderia. Seit 1979 warteten die Tifosi auf diesen Triumph.

Big Brothers: In Melbourne siegte Michael, Ralf wurde mit dem neuen BMW-Motor sensationell Dritter.

Jubelnde Ferrari-Crew: Der Auftak

„Es ist geschafft!" schrie Michael Schumacher immer wieder in seinen Helm, als er in Suzuka über die Ziellinie raste. Die Saison 2000 begann stark für Ferrari – und wurde dann doch zur Zitterpartie.

War es Aberglaube oder trotzige Geste? Die Journalisten schmunzelten, als Ferrari sein 2000er Gefährt vorstellte. Hinter Michael Schumacher, Rubens Barrichello und Testfahrer Luca Badoer, alle feierlich in blaue Jacketts gesteckt, glänzten drei Silberpfeile: Auf Hochglanz polierte Straßenkarossen aus Maranello, stolze 350.000 Mark das Stück. Aber statt des vertrauten Ferrari-Rot hatte man sich für Mercedes-Silber entschieden…

Der Stachel saß mächtig tief. Zweimal hintereinander hatte man gegen die Silberpfeile von McLaren-Mercedes im letzten Rennen die Fahrerweltmeisterschaft verloren. Ein immenser Erfolgsdruck lag auf der Scuderia und ihren Stützpfeilern. Im fünften Anlauf der Schumacher-Ära musste der Fahrertitel her, sonst würde Presidente Luca di Montezemolo samt seinem Statthalter an der Rennstrecke, Rennleiter Jean Todt, Probleme bekommen. Das Budget von rund 250 Millionen Dollar konnte nur mit der Weltmeisterschaft gerechtfertigt werden.

Kein Wunder, dass Montezemolo angespannter wirkte als gewohnt und auf die großen italienischen Gesten bei seiner kurzen Ansprache verzichtete. Stets suchten seine Augen den Blickkontakt zur grauen Fiat-Eminenz Gianni Agnelli. Der saß in der ersten Reihe, die Hände gebieterisch auf einem braunen Spazierstock abgestützt. Der Stock des 76-Jährigen wirkte wie ein Zepter.

Auch Michael Schumacher ließ die Lockerheit vermissen. Er hatte seine Rede in italienischer Sprache schön auswendig gelernt. Aber zweimal vergaß er den Text.

Australien zeigte, dass der neue F1-2000 von Anfang an konkurrenzfähig und zuverlässig war. Michael schaffte drei Siege in Folge.

Die Hoffnung der Scuderia Ferrari lag auf dem neuen Auto. Passend zum Milleniumswahn hatte man es auf F1-2000 getauft. Es war eine völlige Neukonstruktion, zum ersten Mal zu hundert Prozent im eigenen Windkanal in Maranello entwickelt. Konstrukteur Rory Byrne schwärmte: „Wir haben neue Vorderrad- und Hinterradaufhängungen konstruiert, und die aerodynamischen Daten, die wir im Windkanal bekommen haben, lassen mich zu der Überzeugung kommen: Der F1-2000 ist ein Siegerauto!" Technik-Chef Ross Brawn sprach von „dem besten Ferrari, der gebaut wurde, seit ich vor vier Jahren hier anfing."

Drei Siege zum Auftakt

Michael sah es ganz pragmatisch: „Ich will in Australien in der ersten Reihe stehen und das Rennen aus eigener Kraft gewinnen. Das große Problem der Vorjahre war, dass wir im Laufe des Jahres immer wieder aufholen mussten."

Es wurde für Michael ein Auftakt ganz nach seinem Geschmack. Drei Siege hintereinander und Pleiten, Pech und Pannen bei den Silbernen. In Australien standen die beiden Roten gemeinsam auf dem Podest, der dritte war Strahlemann Ralf, dessen neuer BMW-Motor auf Anhieb top funktionierte. Die McLaren strandeten mit Ventilproblemen. In Brasilien wurde Mika Häkkinen wieder von der Technik gestoppt, David Coulthard verlor Platz zwei durch Disqualifikation: Der Frontflügel hing zu tief. Beim ersten Europa-Lauf in Imola ging's knapp her zwischen den Favoriten – aber wiederum gewann Michael mit einer Sekunde vor Mika.

So ganz nebenbei hatte der Deutsche ein Déjà-vu-Erlebnis der besonderen Art: Flavio Briatore, Michaels Teamchef zu Benetton-Zeiten, war wieder der starke Maxe bei den rasenden Pullovern. 2002, wenn Benetton zum offiziellen Renault-Rennstall mutieren wird, soll Briatore Teamchef bei den Franzosen spielen.

24 Punkte Vorsprung gegenüber dem punktstärksten McLaren-Piloten Mika – aber der Deutsche warnte sich selbst: „Die WM ist noch längst nicht entschieden. Es kann noch soviel passieren.“ Recht sollte er haben: Das Rennen in England ging als Doppelsieg an McLaren, der Sieger hieß David Coulthard. Tage später erlebte der Schotte ein Trauma, das den notorischen Vielfliegern in der Formel 1 das Blut gefrieren ließ: Bei der Anreise zum Barcelona-Grand-Prix stürzte seine Privatmaschine ab. Er entkam zwar mit Freundin Heidi, seinem Masseur und ihrem Hündchen fast unverletzt, aber beide Piloten starben in den Trümmern.

Tankwart verletzt

In Barcelona vergab Michael die Siegchance an der Box. Zu schnell riss der Mann vor ihm den Lollipop hoch, Schumi fuhr los, bevor der Schlauch vom Tankstutzen gelöst war. Der Tankwart stürzte, Michael demolierte ihm den Fuß und der Ersatzmann war wenig routiniert. Beim zweiten Stopp verlor Michael in der Box 17,5 Sekunden und damit die Führung. Er leistete sich noch ein beinhartes Duell mit Bruder Ralf, ehe er frustriert als Fünfter ankam.

Einem grandiosen Sieg auf dem regennassen Nürburgring, bei dem er und Häkkinen das Restfeld überrundeten, folgte der erste Saisonausfall. In Monaco kochten heiße Gase aus einem defekten Auspuffrohr eine Aufhängungsstrebe gar – Michael musste in der 55. Runde aufgeben. Dafür kassierte er gemeinsam mit Teamkollegen Rubens in Kanada richtig ab – ein weiterer roter Doppelsieg. Der war besonders hart für McLaren, weil man in Monaco den 500. Grand Prix der Teamgeschichte eigentlich ganz groß mit einem Sieg feiern wollte. Dass Rubens den unter Bremsproblemen leidenden Schumi-Ferrari zum Schluss nicht attackierte, erkannte Michael dankbar an: „Rubens hat mir diesen Sieg geschenkt. Eines Tages bekommt er das Geschenk zurück.“

In Monaco und Kanada war Michael erstmals mit einem neuen Helmdesign in Rot-Orange aufgetaucht: „Den alten Helm

Michaels neuer Helm seit Monaco 2000

Teamkollege Rubens ist neuer Nationalheld für Brasiliens F1-Fans.

Zwei Lager, zwei Freunde: Mercedes-Rennchef Haug und Schumi.

Michael Schumacher schaute sich erschrocken um: In Barcelona fuhr er zu früh los und riss dabei den Tankwart von den Füßen.

konnte man zu leicht mit dem Helm von Rubens verwechseln", war seine Erklärung.

56 Punkte nach acht Rennen, die WM wurde greifbar, zumal der Vorsprung auf den Verfolger nach wie vor 22 Punkte ausmachte. Der hieß immer noch David Coulthard, und in Frankreich zeigte er Michael, wo der Dampfhammer hängt. In der 39. Runde quetschte er sich in der Adelaide-Passage an den führenden Ferrari-Star ran. Schumi hielt knallhart dagegen, die Wagen berührten sich und Coulthard verlor seine Contenance: Bildschirmfüllend reckte er den Mittelfinger gegen den Deutschen und versuchte es bei der nächsten Runde an der gleichen Stelle. Diesmal kam er vorbei.

Mika ist ausgelaugt

19 Runden später verreckte dann auch noch der Ferrari-Motor. Schumacher bekam keinen Punkt, dafür die Gewissheit, dass er im nächsten Jahr mit denselben Gegnern rechnen müsse: McLaren verlängerte den Vertrag mit Häkkinen und Coulthard. Der hatte sechs Punkte mehr als sein Kollege aus dem hohen Norden und galt unverhofft als größerer WM-Kandidat.

Was war los mit Mika Häkkinen? „Er ist ausgelaugt, braucht ein paar Tage Entspannung", erklärte McLaren-Chef Ron Dennis. Mika aber sagte, was er wirklich brauchte: Er schlug mit der Faust auf den Tisch und verlangte, dass man bei der

Beim Start in Österreich knallte Ricardo Zonta in Michaels Auto. Jarno Trulli rammte den Deutschen dann vollends aus dem Rennen.

Zwei Wochen nach dem A1-Crash wurde Schumi von Coulthard in die Schusslinie von Fisichella gedrängt: Wieder Aus in Kurve 1.

Hockenheim: Barrichellos erster Sieg. Die Rivalen gratulierten.

Wagenabstimmung bitte schön deutlicher auf seine Wünsche eingehen möge. Man tat es – und beim Österreich-Grand-Prix gewann er vor DC. Zehn Tage musste er allerdings um die Punkte zittern: Die FIA hatte entdeckt, dass ein Siegel an der Electronic-Box fehlte. McLaren wurden die 10 Punkte aberkannt, Mika nicht.

Ach so, von Michael muss ja noch erzählt werden. Der konnte sich in Österreich ein Formel-1-Rennen einmal von Anfang an in Ruhe anschauen. BAR-Fahrer Ricardo Zonta hatte beim Start Michaels Ferrari auf die Hörner genommen, der dann von Jarno Trulli den finalen Todesstoß bekam. Zwar versuchte der Deutsche noch, seinen Ferrari quer auf die Strecke zu kreiseln, um einen Neustart zu erzwingen, aber die Rennleitung schickte nur das Safety-Car raus.

Seit drei Jahren Rivalen, aber das persönliche Verhältnis von Mika und Michael wurde in der harten Saison 2000 immer entspannter.

„Solche Fehler wie Ricardo habe ich am Anfang auch gemacht“, urteilte Michael sanft.

Manche Kollegen waren weniger sanft zu ihm. Ihnen missfiel eine Schumi-Angewohnheit, beim Start sofort die Fahrbahn zu kreuzen und die Mitbewerber zu riskanten Ausweichmanövern zu zwingen. Vor allem Coulthard, Villeneuve und Irvine griffen ihn in der Fahrerbesprechung heftig an. Ralf tippte sich an die Stirn: „Fahren wir denn überhaupt noch Rennen oder was?“ Bruder Michael reagierte überraschend: „Spurwechsel sollten beim Start überhaupt verboten werden. Aber weil sie erlaubt sind, muss ich sie machen.“

Zweiter Abschuss

Das Argument machte sich David Coulthard in Hockenheim zu eigen. Diesmal kreuzte er von der Pole-Position die Linie seines Nebenmannes. Michael musste ausweichen und geriet dabei in die Schusslinie von Benetton-Fahrer Giancarlo Fisichella. Zum zweiten Mal hintereinander wurde Italiens roter Nationalstolz von einem Italiener am Start weggerammt. Die McLaren zogen unaufhaltsam davon, doch dann nahm das Rennen eine höchst überraschende Wende.

Da war zunächst mal ein etwas verwirrter Franzose, der unverhofft wie ein weißes Gespenst an der Piste auftauchte, sie dann sogar überquerte. Bis der ehemalige Mercedes-Angestellte, der gegen seine Entlassung protestierte, eingefangen war, trödelte das Feld hinter dem Safety-Car her. Einsetzender Regen mischte die Karten anschließend völlig neu. Während fast alle Fahrer auf Nassreifen wechselten, blieb Rubens Barrichello draußen – und holte sich seinen ersten Sieg. 123 Rennen hatte der Brasilianer auf diesen Tag gewartet, nun heulte er wie ein Schlosshund in die grüne Flagge seines Landes. Michael strahlte: „Ich freue mich mit dir, Rubens.“ Kein Wunder – die Nummer 1 von Ferrari blieb damit ganz knapp WM-Leader.

Zumindest für zwei Wochen. In Ungarn hielt Pole-Mann Schumi Distanz zum Startwunder Mika Häkkinen: „Ich hatte nur ein Ziel – nach zwei Startunfällen heil die erste Kurve zu erreichen.“ Den zweiten Platz rettete er ins Ziel, aber nun führte Weltmeister Mika Häkkinen die Tabelle mit zwei Punkten an, und zwei Punkte hinter Schumacher drohte Coulthard aufzurücken.

„Hilfe, zwei Verrückte!" dachte Ricardo Zonta, als in Spa die beiden WM-Leader mit 300 km/h beidseitig an ihm vorbeiflogen.

Nächste Station im WM-Kalender war Schumis Schicksalsstrecke Spa-Francorchamps. Ferrari hatte gleich nach dem enttäuschenden Rennen in Ungarn mit dem Renovierungsplan des F1-2000 begonnen. Die neue Motorstufe 49C mit 20 Mehr-PS wurde wettbewerbsreif getestet.

Doch im Training in Spa setzte sich der Trend von Ungarn fort. Häkkinens Trainingsbestzeit war wie von einem anderen Stern, Schumacher blieb mit der viertschnellsten Trainingszeit hinter den Erwartungen zurück. Nur der Regen am Renntag konnte die Rettung bringen. Rennleiter Charlie Whiting entschied sich nach langem Hin und Her, das Feld hinter dem Safety-Car fliegend starten zu lassen – damit war das Risiko einer Kollision in der engen La Source-Haarnadel fast auf Null reduziert.

Es ging auch alles gut. Häkkinen zog in vier Runden auf neun Sekunden davon. Dann überholte Schumacher Button und Trulli in einer Runde und nach einem Dreher von Häkkinen zog Schumacher in Runde 13 vorbei. Als Schumacher im 22. Umlauf zu seinem routinemäßigen Stopp kam, betrug sein Vorsprung elf Sekunden. Danach kam Häkkinens Auftritt. Runde für Runde jagte er Schumacher die Sekunden ab. Sechs Runden vor Schluss folgte das Überholmanöver des Jahres, vielleicht sogar des Jahrzehnts.

Überholmanöver des Jahres

Zonta stand in der langen Geraden nach Eau Rouge zum Überrunden an. Eine Runde vorher hatte es Häkkinen schon mal versucht, da zackte Schumacher im letzten Moment nach rechts – Häkkinen, schon fast im Gras, musste vom Gas gehen. Diesmal zog Schumacher links an Zonta vorbei, Häkkinen rechts an beiden. Es war genial, wild, unbarmherzig, überraschend, konsequent und entscheidend.

Das letzte Mal hatte die Formel 1 zu Sennas Zeiten so etwas gesehen.

Michael Schumacher über Häkkinens Überholmanöver: „Brillant, ich konnte nichts dagegen machen. Aber die WM ist mit meinen jetzt sechs Punkten Rückstand immer noch offen."

Noch offen? Vor wenigen Wochen hatte Michael einen Vorsprung, der uneinholbar schien. Jetzt kam er als WM-Zweiter nach Monza, Ferraris Heimstrecke.

Mika ganz cool

Michael wirkte seltsam gehetzt und angespannt. Das Überholmanöver von Spa hatte Spuren hinterlassen. Mika Häkkinen dagegen schien in Monza die Worte seines Managers Keke Rosberg bestätigen zu wollen, der meinte: „Mika ist im Moment so cool, dass er Eiswürfel pinkelt." Seine Bewegungen wirkten noch langsamer als sonst. Das Schreiben der Autogramme, der Gruß für Freunde, das vertraute Gespräch mit Ehefrau Erja – es schien, als hätte der amtierende Formel-1-Weltmeister die ausgleichende Wirkung der Langsamkeit entdeckt, wenn er nicht im Rennauto sitzt.

Michael machte sich Mut, indem er an seine Pole-Position dachte. Der Start ging noch gut, wenn auch Barrichello schlecht weg kam. Er blockte den erwartungsgemäß gut gestarteten Villeneuve, so dass Schumacher vor Häkkinen in die erste Kurve ging. Dann kam es zum Horrorunfall in der zweiten Schikane. Die beiden Jordan-Piloten kollidierten und räumten fünf andere Autos mit ab: Barrichello, Coulthard, Herbert, Irvine, und de la Rosa. Der Spanier überschlug sich wild. Umherfliegende Reifen trafen einen Streckenposten, der mit tödlichen Kopf- und Brustverletzungen liegen blieb. Die Auslaufzone der Schikane sah aus wie ein Schlachtfeld. Zum Glück blieben die Piloten nahezu unverletzt.

Zehn Runden später gab das Safety-Car den Start wieder frei. Nach den dramatischen Szenen in der Startphase geriet das Rennen langweilig. Schumacher führte, von zwei Boxenstopp-Runden abgesehen, bis ins Ziel. Mika Häkkinen fightete verbissen, kam aber nicht mehr näher als 3,8 Sekunden an Schumacher heran.

Die anschließende TV-Pressekonferenz war wie ein Erdbeben in der kühlen Formel-1-Szene. Der Reporter sagte: „Sie haben heute mit Ihrem 41. Sieg mit Ayrton Senna gleichgezogen…“ Michael stammelte ein paar Brocken, dann fiel sein Kopf herunter, und mitten in der Antwort begann er bitterlich zu weinen. Die Welt war Zeuge und hielt den Atem an. „Schumacher, die menschliche Maschine,“ wie ihn die italienische Presse genannt hat, heulte und passte nun gar nicht mehr in

In Spa verlor Michael die WM-Führung an Mika. Ralfs Podestplatz konnte ihn nur wenig trösten.

Die Anspannung wich der Erleichterung. Nach dem Heimsieg in Monza brach Michael in Tränen aus.

Befreiender Doppelsieg in Indianapolis – da tanzten Michael und Rubens einen Tango im Parc fermé.

Bei der US-Premiere gestrandet: Aus für Mika in Indianapolis. Der Mercedes-Motor fing Feuer.

das Bild, das man von ihm gemalt hatte, seit er 1996 bei Ferrari fährt. Die ganze Anspannung der letzten Rennen, des Wochenendes, die Erkenntnis, dass ein Streckenposten ums Leben kam – all das hatte die Mauer gesprengt, mit der er sich seit Beginn seiner Karriere davor geschützt hatte, Emotionen in der Öffentlichkeit zu zeigen. Mika Häkkinen streichelte ihn fürsorglich und Bruder Ralf, der Drittplatzierte, gab ihm einen verlegenen Klaps in den Rücken. Dann rissen sie die Fragen an sich, um ihrem Kollegen und Bruder in dem Moment zu helfen, in dem er am liebsten alleine gewesen wäre…

Wende in Indianapolis

Die Formel 1 ging über den „großen Teich" und betrat in Indianapolis Neuland. Es sollte zum großen Wendepunkt werden. Der Deutsche eroberte die Pole-Position, verlor den Start aber an David Coulthard. Nicht lange, dann wurde der Schotte wegen eines offensichtlichen Frühstarts an die Box gebeten. Mika Häkkinen, der merkwürdig lange hinter Minardi-Pilot Mazzacane fest hing, konnte nur kurz auf Michael aufschließen, dann schlugen nach dem ersten Renndrittel Flammen aus seinem McLaren. Das Aus für den Finnen.

Michael zog einsam seine Führungsrunden, ehe ihn vier Runden vor Schluss fast ein GAU ereilte. Er drehte sich, doch geistesgegenwärtig zog er den Kupplungshebel, der sich bei seinem Ferrari

Suzuka, 8. Oktober 2000, 15.40 Uhr Ortszeit: Michael donnerte als Weltmeister 2000 an seiner frenetisch jubelnden Crew vorbei.

am Lenkrad befindet und hielt so den Motor am Laufen. „Ich war einfach unkonzentriert", gestand der Deutsche später. „Ich kam mit dem Vorderrad etwas auf das Gras und schon überholte mich das Heck des Ferrari. Das kommt davon, wenn man mit über 40 Sekunden Vorsprung anfängt zu träumen und wie mit seinem Straßenwagen durch die Gegend tuckert."

Technikchef Ross Brawn, mit dem Schumacher das ganze Rennen über Funk kommuniziert hatte, hätte ihn danach ermahnt, gefälligst die Konzentration zu bewahren, „doch das war nicht mehr nötig. Denn durch meinen Fehler bin ich wieder aufgewacht."

Schlagartig änderte sich die Tabelle. Zwei Rennen vor dem WM-Finale hatte Schumacher acht Punkte Vorsprung. Ein Sieg würde ihn zum Meister machen, sogar zwei zweite Plätze reichten.

Angst vor dem Start

Gutgelaunt und optimistisch kamen Michael und Corinna nach Japan. Knapp holte er die Pole-Position vor Mika. Aber beim Start kam er nicht richtig vom Fleck und Häkkinen zog unnachgiebig rechts vorbei. Die Angst vor dem Start war Michael Schumacher schon vorher anzusehen: 1998 hatte er im entscheidenden Moment den Motor beim Vorstart abgewürgt und im letzten Jahr kam er auch nur schwer in die Puschen.

Die beiden WM-Leader schenkten sich in der Folge nichts, aber auch gar nichts. Schumacher jagte Häkkinen vor sich her, der am Anfang eine Zehntel pro Runde schneller war. „Bis zum zweiten Stopp sahen die Dinge auch ganz gut aus", so Häkkinen, „dann aber kam ich vier Runden früher rein als Michael und in den vier Runden danach begann es zu regnen. Als Schumacher bei seinem zweiten Stopp wieder vor mir herauskam, versuchte ich alles, um noch mal ranzukommen, aber im Prinzip wusste ich, dass es jetzt gelaufen war." Sein Technikchef Adrian Newey bestätigte ihn. Michael war auf der leicht feuchten Piste einfach etwas schneller und der zweite Boxenstopp hatte die Entscheidung gebracht.

Es war fast genau vier Uhr nachmittags in Japan, als Michael Schumacher als Sieger die Ziellinie überquerte. Die Felsbrocken, die ihm von der Seele fielen, waren ihm durch den Helm anzusehen. Er trommelte mit den Fäusten auf das Ferrari-Lenkrad, das zum Glück keinen Airbag hatte – der wäre sicher durch die Urgewalt der Trommelschläge aufgegangen. „Es ist geschafft", brüllte er in sein Helmmikrofon, mehrmals hintereinander. In der Box lagen sich Cheftechniker Ross Brawn und Rennleiter Jean Todt in den Armen, die historische Bedeutung des Augenblicks war ihnen bewusst. 21 Jahre hatte Ferrari auf diese Minute warten müssen, 21 Jahre der Selbstzweifel, der prasselnden Kritik, der Rechtfertigung. Im Parc fermé küsste Schumacher die ganze Mannschaft, zuletzt kam Corinna an die Reihe.

Rennleiter Jean Todt bekam einen Anruf von Präsident Luca di Montezemolo per Handy. Was der Präsident denn gesagt habe, fragte man ihn. Todt: „Nichts. Er hat nur geheult."

Der Pfarrer in Marenello musste leider noch die Frühmesse zu Ende bringen, ehe er sich mit Vehemenz in die Glockenseile warf.

Mika Häkkinen wirkte gelöst und fast erleichtert, dass der harte Kampf jetzt vorüber war. Er war der erste, der Schumacher gratulierte, dann meinte er: „Michael hat es verdient. Er machte einen fantastischen Job und ist ein großer Champion." Er und sein Team feierten gemeinsam mit Ferrari bis in die Morgenstunden.

Lob für Mika

Da wollte auch Michael nicht nachstehen: „Mika ist der fairste Konkurrent, den ich je hatte."

Der Deutsche hat sich einen Lebenstraum erfüllt, bleibt denn da noch Platz für weitere Ziele? „Es stimmt, dass ich nie ein grösseres Glücksgefühl in meiner Karriere gespürt habe, wie in dem Moment, als ich über die Ziellinie fuhr. Aber ich möchte mit Ferrari noch mehr Titel gewinnen. Häkkinen denkt ja auch nicht ans Aufhören."

Michaels abschließender Sieg in Malaysia - der 25. bei Ferrari – war nur noch das Sahnehäubchen. Es ging um die Konstrukteurswertung, bei der McLaren eine kleine theoretische Chance hatte. Zwar flogen beide Silberpfeile mit einem Superstart an ihm vorbei. Aber Mika Häkkinen war allzu schnell auf dem Gas – 10-Sekunden-Strafe wegen Frühstarts. Durch einen schnelleren Boxenstopp schnappte sich Michael David Coulthard. Der Schotte blieb ihm bis ins Ziel im Getriebe – keine Chance für den Deutschen, die Saison auf der Rennstrecke entspannt ausklingen zu lassen.

Aber dann! Eine Jubelorgie in Rot folgte. Michael und sein Teamkollege Rubens setzten sich sofort nach der Zieldurchfahrt rote Perücken auf – und genauso taten es alle anderen aus der Ferrari-Crew. Mit 18 Punkten Differenz hatte Ferrari auch die Konstrukteurs-Weltmeisterschaft verteidigt.

Zum Schluss einer Saison, die alle Nervenreserven aufgezehrt hatte, gab es noch eine versöhnliche Geste. „Ich möchte mich bei Michael Schumacher für die verbalen Attacken in der Saisonmitte entschuldigen", meinte der zweitplatzierte David Coulthard. „Im Eifer des Gefechts sagt man manchmal Sachen, die man später bereut." Sprach's, setzte sich auch eine rote Pumuckl-Perücke auf und feierte mit.

Das glücklichste Rotkäppchen der Welt. In Malaysia konnte Michael den Weltmeistertitel auch noch mit der Konstruktuers-WM krönen.

ERGEBNISSE 2000

12.3., Australien (Melbourne)
Pole: Häkkinen (FIN), McLaren-Merc.
1. M. Schumacher (D), Ferrari
2. Barrichello (BR), Ferrari
3. R. Schumacher (D), Williams-BMW

26.3., Brasilien (São Paulo)
Pole: Häkkinen (FIN), McLaren-Merc.
1. M. Schumacher (D), Ferrari
2. Coulthard (GB), McLaren-Mercedes (disqualifiziert)
3. Fisichella (I), Benetton-Playlife

9.4., San Marino (Imola)
Pole: Häkkinen (FIN), McLaren-Merc.
1. M. Schumacher (D), Ferrari
2. Häkkinen (FIN), McLaren-Merc.
3. Coulthard (GB), McLaren-Mercedes

23.4., England (Silverstone)
Pole: Barrichello (BR), Ferrari
1. Coulthard (GB), McLaren-Mercedes
2. Häkkinen (FIN), McLaren-Mercedes
3. M. Schumacher (D), Ferrari

7.5., Spanien (Barcelona)
Pole: M. Schumacher (D), Ferrari
1. Häkkinen (Fin), McLaren-Mercedes
2. Coulthard (GB), McLaren-Mercedes
3. Barrichello (BR), Ferrari
5. M. Schumacher (D), Ferrari

21.5., Europa (Nürburgring)
Pole: Coulthard (GB), McLaren-Merc.
1. M. Schumacher (D), Ferrari
2. Häkkinen (FIN), McLaren-Mercedes
3. Coulthard (GB), McLaren-Mercedes

4.6., Monaco (Monte Carlo)
Pole: M. Schumacher (D), Ferrari
1. Coulthard (GB), McLaren-Mercedes
2. Barrichello (BR), Ferrari
3. Fisichella (I), Benetton-Playlife
M. Schumacher: Auspuff- und Aufhängungsdefekt 55. Runde

18.6., Kanada (Montreal)
Pole: M. Schumacher (D), Ferarri
1. M. Schumacher (D), Ferrari
2. Barrichello (BR), Ferrari
3. Fisichella (I), Benetton-Playlife

2.7., Frankreich (Magny Cours)
Pole: M. Schumacher (D), Ferrari
1. Coulthard (GB), McLaren-Mercedes
2. Häkkinen (FIN), McLaren-Mercedes
3. Barrichello (BR), Ferrari
M. Schumacher: Motor 59. Runde

16.7., Österreich (Spielberg)
Pole: Häkkinen (FIN), McLaren-Merc.
1. Häkkinen (FIN), McLaren-Mercedes
2. Coulthard (GB), McLaren-Mercedes
3. Barrichello (BR), Ferrari
M. Schumacher: Unfall mit Zonta 1. Runde

30.7., Deutschland (Hockenheim)
Pole: Coulthard (GB), McLaren-Mercedes
1. Barrichello (BR), Ferrari
2. Häkkinen (FIN), McLaren-Mercedes
3. Coulthard (GB), McLaren-Mercedes
M. Schumacher: Unfall mit Fisichella 1. Runde

13.8., Ungarn (Budapest)
Pole: M. Schumacher (D)
1. Häkkinen (FIN), McLaren-Mercedes
2. M. Schumacher (D), Ferrari
3. Coulthard (GB), McLaren-Mercedes

27.8., Belgien (Spa-Francorchamps)
Pole: Häkkinen (FIN), McLaren-Merc.
1. Häkkinen (FIN), McLaren-Mercedes
2. M. Schumacher (D), Ferrari
3. R. Schumacher (D), Williams-BMW

10.9., Italien (Monza)
Pole: M. Schumacher (D), Ferrari
1. M. Schumacher (D), Ferrari
2. Häkkinen (FIN), McLaren-Mercedes
3. R. Schumacher (D), Williams-BMW

24.9., USA (Indianapolis)
Pole: M. Schumacher (D), Ferrari
1. M. Schumacher (D), Ferrari
2. Barrichello (BR); Ferrari
3. Frentzen (D), Jordan

8.10., Japan (Suzuka)
Pole: M. Schumacher (D), Ferrari
1. M. Schumacher (D), Ferrari
2. Häkkinen (FIN), McLaren-Mercedes
3. Coulthard (GB), McLaren-Mercedes

22.10., Malaysia (Sepang)
Pole: M.Schumacher (D), Ferrari
1. M. Schumacher (D), Ferrari
2. Coulthard (GB),McLaren-Mercedes
3. Barrichello (BR), Ferrari

FAHRER-WM

1.	Michael Schumacher (D), Ferrari	108
2.	Mika Häkkinen (FIN), McLaren-Merc	89
3.	David Coulthard (GB), McLaren-Merc.	73
4.	Rubens Barrichello (BR), Jordan-Peugeot	62
5.	Ralf Schumacher (D), Williams-BMW	24
6.	Giancarlo Fisichella (I), Benetton-Playlife	18
7.	Jacques Villeneuve (CDN), BAR-Honda	17
8.	Jenson Button (GB), Williams-BMW	12
9.	Heinz-Harald Frentzen (D), Jordan-Mugen-H.	11
10.	Mika Salo (FIN), Sauber-Petronas	6
	Jarno Trulli (I), Jordan-Mugen-Honda	6
12.	Jos Verstappen (NL), Arrows-Supertec	5
13.	Eddie Irvine (GB), Jaguar	4
14.	Ricardo Zonta (BR), BAR-Honda	3
15.	Alexander Wurz (A), Benetton-Playlife	2
	Pedro de la Rosa (E), Arrows-Supertec	2
17.	Nick Heidfeld (D), Prost-Peugeot	0
	Jean Alesi (F), Prost-Peugeot	0
	Johnny Herbert (GB), Jaguar	0
	Pedro Diniz (BR), Sauber-Petronas	0
	Marc Gené (E), Minardi-Fondmetal	0
	Gastón Mazzacane (ARG), Minardi-Fondmetal	0

KONSTRUKTEURS-WM

1.	Ferrari	170
2.	McLaren-Mercedes	152
3.	Williams-BMW	36
4.	Benetton-Playlife	20
5.	BAR-Honda	20
6.	Jordan-Mugen-Honda	17
7.	Arrows-Supertec	7
8.	Sauber-Petronas	6
9.	Jaguar-Cosworth	4

Gruppenfoto zum Saisonende 2000 in Malaysia. Hinten von links: Jean Alesi, Nick Heidfeld, Jos Verstappen, Pedro de la Rosa, Jacques Villeneuve, Ricardo Zonta, Marc Gené, Gastón Mazzacane. Mitte von links: Johnny Herbert, Eddie Irvine, Mika Salo, Pedro Diniz, Jarno Trulli, Heinz-Harald Frentzen. Vorne von links: Giancarlo Fisichella, Alexander Wurz, David Coulthard, Mika Häkkinen, Michael Schumacher, Rubens Barrichello, Jenson Button, Ralf Schumacher

DER MYTHOS

Il Commendatore

Enzo Ferrari

Enzo Ferarri wurde am 20. August 1898 in Modena geboren. Der Vater war Kleinunternehmer. 1920 bewarb sich Enzo als Testfahrer bei Alfa Romeo, stieg rasch zum Rennleiter auf. 1923 Heirat mit der Tänzerin Laura Garello. Gräfin Francesca Baracca, Mutter des erfolgreichsten Jagdfliegers Italiens, schenkte dem jungen Enzo das Wappen, das am Flugzeug ihres abgestürzten Sohnes angebracht war: Ein sich aufbäumendes Pferd.
Als Alfa 1933 den Rennsport aufgab, übernahm Enzo das Werksteam und führte es unter dem Namen Scuderia Ferrari weiter. Ein Krach mit der Werksleitung und der Zweite Weltkrieg unterbrachen die Aktivitäten auf den Rennpisten. Aber bereits 1947 baute Enzo Ferrari mit einigen Mitarbeitern einen neuen Rennwagen.
Enzo Ferrari führte die Firma bis zu seinem Tod am 14. August 1988. Er hat es immer abgelehnt, Massenautos zu bauen. Neben den Formel-1-Boliden entstanden zahlreiche Wagen für Sportmeisterschaften.
Ferrari gehört heute zu 87 Prozent dem Fiat-Konzern, die Familie Ferrari hält die Restanteile. Seit 1991 ist Luca di Montezemolo Präsident. Als Vizepräsident fungiert Enzo Ferraris Sohn Pierro.

FERRARI

ROTE TRÄUME

In den Genuss, einen Ferrari F1 zu fahren, kamen nur 68 Piloten. Das Vergnügen, einen Ferrari-Straßenwagen zu bewegen, ist auch nicht allzu vielen vergönnt. Jährlich werden ca. 3.500 gebaut, davon 600 für deutsche Kunden.

Der Billigste: 360 Modena
Der V8-Motor liegt unter einer Glasscheibe im Heck: 3,6 Liter, 400 PS, knapp 300 km/h Spitze. Preis: 230.000 DM

Der Luftigste: 360 Spider
Ganz aus Aluminium. Von 0 auf 100 in 4,6 Sekunden, Spitze 290 km/h. Preis: ab 255.000 DM

Zwei Weltmeistertitel hat Michael Schumacher schon mit Benetton gewonnen. Aber keiner ist für ihn so wertvoll wie der neue Titel mit Ferrari. Weit über 6.000 Siege hat Ferrari in internationalen Rennserien seit 1947 errungen, ein jeder hart erkämpft in einem unwirtlichen, unberechenbaren Geschoss von manchmal über 1000 PS. Mit 135 Siegen führt man auch in der Formel 1 knapp vor McLaren (130). Ohne diese Siege wäre Ferrari heute die Sportwagen-Abteilung von Fiat. Durch die Siege wurde Ferrari zum Mythos. Immer rot, immer mit bulliger Motorkraft, doch oft von gnadenloser Unzuverlässigkeit…

1951, im zweiten Jahr der Formel-1-Weltmeisterschaft, testeten die Ferrari-Piloten Alberto Ascari und Luigi Villoresi den 375 F1 auf den Straßen von San Remo. Die Wagen hatten 4,5 Liter Hubraum und 350 PS. Der erste WM-Titel für die Scuderia Ferrari war erst ein Jahr später fällig.

Neun Weltmeistertitel in der Formel 1 hat Firmengründer Enzo Ferrari erlebt. Auf den zehnten wartete er neun Jahre vergebens. Er starb mit neunzig Jahren am 14. August 1988 – zu einem Zeitpunkt, als er wusste, dass auch in dieser Saison der Titel für Ferrari unerreichbar war. McLaren schien unschlagbar – Alain Prost und Ayrton Senna hatten bisher alle elf Rennen der Saison gewonnen.

Vier Wochen nach dem Tod des alten Patriarchen stand in Monza der Große Preis von Italien an. Den Ferraristi auf den Rängen stiegen die Tränen in die Augen: Beide McLaren waren ausgefallen, Ferrari-Pilot Gerhard Berger übernahm in der vorletzten Runde die Führung, sein Teamkollege Michele Alboreto folgte ihm wie ein Schatten. Mit einer Schnauzenlänge Unterschied gewannen sie den Großen Preis von Italien. Der Glanz von Ferrari war mit diesem Doppelsieg nach bitteren Jahren zurückgekehrt – eine stimmungsvollere Abschiedszeremonie für den einzigen wahren Paten der Formel 1 hätte kein Hollywood-Autor erfinden können…

Es blieb ein kurzer Triumph – alle anderen Siege des Jahres gingen wiederum an die McLaren-Piloten, der Titel an Ayrton Senna. Damals beendete ein zierlicher Junge aus Kerpen gerade seine Kfz-Schlosserlehre, rutschte in einem Formel-König-Rennwägelchen durch seine erste Saison und freute sich über einen Fiat 500, sein erstes Auto. Michael Schumacher war 19, und er musste erst 31 werden, ehe Ferrari den nächsten Weltmeistertitel, die Nummer zehn, feiern konnte.

Sechzig Rennställe haben in der Formel-1-Geschichte Rennwagen an den Start gestellt. Es sind faszinierende Namen darunter: Lotus, Brabham, Cooper, Maserati, aber auch die großen Teams der letzten zwanzig Jahre, Williams und McLaren. Keiner dieser Rennställe hat die Faszination der Scuderia Ferrari erreicht. Keiner hat eine so große Fangemeinde weltweit, bei keinem anderen Rennstall werden so enthusiastisch Fahnen geschwenkt, bei keinem anderen bricht für die Fans derart eine Welt zusammen, wenn es mal wieder nicht geklappt hat mit dem Titel. Mythos Ferrari – wie ist er entstanden?

1953: Ferrari setzte am Nürburgring sieben Wagen ein. Ascari wurde Weltmeister. Die Startnummern wurden damals ausgelost.

1956: Zwei Generationen – der 45-jährige Fangio wurde Weltmeister, Peter Collins (25) starb zwei Jahre später im Ferrari.

1958: „Gentleman" Mike Hawthorn, stets mit Fliege unterwegs, holte mit einem einzigen Sieg den Titel und verließ die Formel 1.

1961: Phil Hill im „Hai", erstmals mit Mittelmotor. Hill wurde Weltmeister, weil sein Teamkollege Graf von Trips verunglückte.

Der erste Ferrari-Rennwagen hatte am 11. Mai 1947 an einem Stadtrennen in Piacenca teilgenommen. Wie so oft in der Teamgeschichte: Ferrari führte, kurz vorm Ziel verreckte die Benzinpumpe. Das Datum wird in der Firmengeschichte als Gründungsdatum der Scuderia gefeiert. Firmenchef Enzo Ferrari war 48 Jahre. Vor dem Krieg hatte er jahrelang die Rennabteilung von Alfa Romeo geleitet, ehe man sich tödlich verkrachte.

Ferrari-Sieger wog 125 Kilo

1950 startete die Formel-1-Weltmeisterschaft. Das allererste Rennen hat Ferrari verpasst, weil der 125F1 nicht rechtzeitig fertig wurde – ein 1,5-Liter-Zwölfzylinder. Damals war die Formel 1 noch fest in italienischer Hand – die haushoch überlegenen Alfa Romeo überließen Ferrari, Lancia und Maserati nur Brosamen. Als 1951 der 125-Kilo-Fahrer Froilan Gonzalez in einem Ferrari erstmals den Alfa-Star Fangio besiegte, weinte Enzo Ferrari Krokodilstränen: „Es ist, als hätte ich meine Mutter getötet."

1952 und 53 – die WM wurde mit Formel-2-Wagen gefahren und „Ferraris Mutter" Alfa war ausgestiegen – holte Alberto Ascari die ersten beiden Weltmeistertitel für Ferrari. Ein Jahr später begann für die Scuderia Akt 1 des Silberpfeil-Dramas. Mercedes knüpfte an die große Vorkriegstradition an und kehrte auf die Rennstrecken zurück – mit Juan Manuel Fangio am Steuer. Er ließ der Scuderia keine Chance, die Überlegenheit der Stuttgarter Wagen war erdrückend. Die Katastrophe von Le Mans, bei der durch einen Mercedes-Sportwagen 82 Menschen in den Tod gerissen wurden, ließ Mercedes Abschied vom Formel-Sport nehmen – für vier Jahrzehnte.

Lancia schenkt Rennstall

Auch Lancia gab den Motorsport auf. Gianni Lancia schenkte Enzo Ferrari den kompletten Formel-1-Rennstall. Der Commendatore, wie der despotische Firmenchef genannt wurde, ließ daraufhin die eigenen Vierzylinder einmotten und den Lancia V8 weiter entwickeln. Zudem engagierte er Fangio, der durch den Mercedes-Rückzug frei war. Wochenlange Gehaltsverhandlungen gingen voraus. „Es ist eine Ehre, für Ferrari zu fahren", polterte der Commendatore, aber der dreifache Champion Fangio hatte einen knallharten Manager und der setzte ein Traumgehalt von zwölf Millionen Lire für den Argentinier durch. Das waren damals rund 150.000 Mark, soviel wie Michael Schumacher in elf Stunden verdient, selbst im Schlaf.

Fangio und sein englischer Teamkollege Peter Collins hatten zum Saisonende 1956 beide Titelchancen, als Fangios Wagen mit defekter Lenkung an der Box in Monza ausrollte. Collins, ganz englischer Gentleman, überließ Fangio seinen Wagen, was damals noch möglich war: „Ich bin erst 25 und kann noch viele Titel holen", sagte er. Fangio, 46, sprang dankbar ins Auto, siegte und war zum vierten Mal

1964: Der siebenfache Motorradweltmeister John Surtees gewann mit dem Dino 156.F1 den sechsten Ferrari-Titel. Danach kam eine quälend lange Pause, in der Ferrari durch Pech, Tragödien und Fehlentscheidungen dem nächsten Titel hinterher rannte.

Weltmeister. Zwei Jahre später starb Collins in einem Ferrari auf dem Nürburgring, ohne je Weltmeister geworden zu sein.

Tod des Sohnes

Ein schwerer Schicksalsschlag war für Enzo Ferrari der Tod seines Sohnes Alfredo „Dino“ Ferrari, der 1956 mit 24 Jahren an einer heimtückischen Muskelschwäche starb. Es war Enzos einziges Kind aus der Ehe mit Laura. Jahre später adoptierte das Ehepaar Ferraris 1945 geborenen unehelichen Sohn Piero Lardi. Aber nie ist der Commendatore über Dinos Tod hinweggekommen. Viele Jahre lang hießen alle V6-Ferraris Dino.

Oft, viel zu oft, musste in den fünfziger und sechziger Jahren die Fahne in Maranello auf Halbmast gezogen werden. Die Piloten waren in den Rohrrahmen-Boliden völlig ungesichert, ohne Helm, ohne Gurt. Lenkrad und Schalthebel wirkten bei einem Unfall wie Lanzen. Als 1957 bei der Sportwagen-Rallye Mille Miglia der Ferrari-Pilot Alfonso de Portago zwölf Menschen in den Tod riss, wurde der Commendatore wegen fahrlässiger Tötung angeklagt und die Mille Miglia für Jahrzehnte verboten.

1958 starben zwei Ferrari-Piloten: In Reims der Italiener Luigi Musso, auf dem Nürburgring Peter Collins. Dessen Landsmann Mike Hawthorn holte im selben Jahr den 4. WM-Titel für die Scuderia, gab darauf den Beruf auf und starb wenige Wochen später bei einem Verkehrsunfall.

Pferde vor den Wagen

„Die Pferde gehören vor den Wagen“, mit diesem Argument verzögerte Enzo Ferrari jahrelang das Mittelmotorkonzept, obwohl die englischen Teams Cooper und Lotus mit den neuen Konstruktio-

1961: Wolfgang Graf Berghe von Trips war das große Rennfahreridol seiner Zeit. Er kam aus Kerpen-Horren und fuhr für Ferrari.

1965: Konstrukteur Forghieri ratlos im radlosen Ferrari: Ein Jahr ohne Sieg. Zwölf sieglose Saisons gab's in der Team-Geschichte.

1968: Erste aerodynamische Versuche. Auch dem Ferrari von Jacky Ickx wuchsen filigrane Flügel, die noch wenig bewirkten.

1975: Niki Lauda und der junge Teamchef Luca di Montezemolo holten Ferrari aus der Krise: Nach elf Jahren wieder ein Titel.

1975: Mit dem Motor war auch der Kühlungsschacht nach hinten gewandert. Im Ferrari 312.T holte Niki Lauda fünf Siege.

1979: Beim Monza-Grand-Prix siegte Jody Scheckter. Er gewann da
20. Jahrhundert. Teamkollege Gilles Villeneuve, die große Hoffnung d

1976: Analytiker gegen Playboy: Weltmeister Niki Lauda lieferte sich mit McLaren-Star James Hunt eine höchst dramatische Saison. Der Nürburgring-Unfall stoppte Laudas Titeljagd.

den letzten WM-Titel für Ferrari im mmendatore, wurde WM-Zweiter.

1981: Der erste Ferrari der neuen Turbo-Ära. Kamikaze-Fahrer Gilles Villeneuve holte mit dem 126.CK (1,5 Liter, 550 PS) zwei Siege – von insgesamt sechs in fünf Formel-1-Jahren mit Ferrari.

nen Kreise um die Ferrari-Piloten fuhren. 1961 stimmte er endlich zu, den um 100 PS auf 190 PS abgespeckten V6 hinter dem Fahrer einzubauen. Der Amerikaner Phil Hill und der Deutsche Wolfgang Graf Berghe von Trips, beide Ferrari, führten die WM-Tabelle deutlich an, als es in Monza zur Katastrophe kam. Der deutsche Graf aus Kerpen-Horrem kollidierte mit dem Lotus von Jim Clark und überschlug sich. Von Trips, letzter Nachkomme des Adelshauses, war sofort tot, 15 Zuschauer starben ebenfalls. Hill gewann und war Weltmeister 1961. Deutschland weinte. Graf „Tuffi" war ein Idol seiner Zeit, wegen ihm kamen 250.000 Menschen an den Nürburgring, zelteten auf feuchten Wiesen und jubelten frenetisch, wenn alle neun Minuten der rote Ferrari vorbeigedonnert kam.

Palastrevolte

Im selben Jahr, 1961, kam es zur Palastrevolte. Das gesamte Ferrari-Team lehnte sich gegen den autoritären Stil des Commendatore auf. Der Patriarch feuerte alle, einschließlich Konstrukteur Carlo Chiti, und ernannte den jungen Ingenieur Mauro Forghieri zum Technischen Leiter. Die Bilanz der nächsten Jahre: 1962 kein Sieg, 1963 einen, 1964 die sechste Weltmeisterschaft mit dem Briten John Surtees. 1965 Trennung im Krach.

Enzo Ferrari wurde immer eigenbrötlerischer und zog sich zurück. Zu den Rennen fuhr er schon seit Jahren nicht mehr. Er heuerte und feuerte nach Gutdünken und verschliss dabei eine Menge guter Piloten: den Neuseeländer Chris Amon, den Belgier Jacky Ickx, den Schweizer Clay Regazzoni. Aber es war wie verhext: Gegen den Ford-Cosworth-V6, den fast alle Teams einsetzten, hatte Ferrari mit seinem schweren V12 wenig Chancen. Beide Motoren leisteten bei 3 Liter Hubraum etwa 450 PS. Zehn Jahre blieb das stolzeste Team der Formel 1 ohne Titel. Auch die 1958 eingeführte Konstrukteursweltmeisterschaft – 1961 und 1964 errungen – blieb ein unerreichbarer Traum.

Enzo Ferrari gab 1969 die Hälfte seiner Firma an den Fiat-Konzern ab. Eine Entscheidung, an der er lange gerungen hat. Die edlen Sportwagen für Millionäre, die er in seiner Fabrik in Maranello baute, passten zu einem Konzern für Massenautos wie ein Adler in einen Hühnerstall. Trotz der Geldspritze kam Ferrari wieder nur auf Rang 2 – obwohl der WM-Führende, Lotus-Pilot Jochen Rindt, vier Rennen vor Schluss tödlich verunglückt war.

1974 engagierte Enzo Ferrari den 26-jährigen Luca di Montezemolo als Rennleiter. Und er übernahm aus einer Laune heraus das Fahrerduo von BRM. Er hatte einen Narren an dem 25-jährigen Niki Lauda gefressen, der im ganzen Jahr nur zwei Punkte geholt hatte, genauso viel wie Teamkollege Clay Regazzoni, der nun zu Ferrari zurückkehrte. Beide Fahrer kamen mit dem neuen Aluminium-Vollmonocoque von Ferrari bestens zurecht. Plötzlich war Ferrari wieder das Team, das die Rennstrecken beherrschte. Niki Lauda hätte ohne seinen Nürburgring-Unfall locker drei Titel hintereinander geholt. Mit den Titeln 7 und 8 von 1975 und 1977 wurde er Ferraris erster Doppelweltmeister seit Ascari.

1988: Das letzte Fahrerduo, das der Commendatore noch selber engagierte: Gerhard Berger und der Italiener Michele Alboreto.

Zudem errang Ferrari in allen drei Jahren den Konstrukteurstitel.

Doch der Commendatore verzieh Lauda nie die Entscheidung, in Japan 1976 wegen eines Wolkenbruchs die sichere WM-Chance an McLaren-Pilot James Hunt verschenkt zu haben. Das Verhältnis war zum Zerreißen gespannt. Als Lauda im viertletzten Rennen 1977 in Zandvoort den WM-Titel sicher hatte, gab er bekannt, dass er bei Ecclestones Brabham-Team unterschrieben hatte – für damals sensationelle zwei Millionen Dollar Jahresgage. „Judas!" fluchte der 79-jährige Commendatore und ließ bei den Grand Prix in Kanada und Japan 1977 den Kanadier Gilles Villeneuve in Laudas Wagen steigen. Der Japan-GP endete katastrophal: Villeneuve flog nach einem Crash mit Ronnie Peterson in die Sperrzone, sein Wagen erschlug zwei Japaner.

Enzo Ferrari sah in dem kleinen Mann aus Quebec einen Sohnersatz, obwohl Gilles mit 25 bereits selber einen sechsjährigen Sohn hatte. Der Kanadier produzierte Schrott am laufenden Band – er blieb der gehätschelte Liebling des Commendatore. Das Jahr 1979 wurde für Villeneuve zum erfolgreichsten seiner Karriere, er siegte dreimal. Sein neuer Teamkollege Jody Scheckter aus Südafrika allerdings auch, und weil er am Ende vier Punkte mehr hatte, erntete Scheckter den Meistertitel 1979. Ferrari feierte einen der größten Triumphe seiner Geschichte: Doppelweltmeister und Konstrukteurstitel. Das hatten zuvor nur Phil Hill und Graf Berghe von Trips 1961 geschafft.

VILLENEUVE WIRD LEGENDE

Es blieb für über zwei Jahrzehnte der letzte Triumph. Bereits im Folgejahr 1980 stürzte das Team katastrophal ab: Ganze 8 Punkte reichten nur für den vorletzten Rang in der Konstrukteurs-WM. Zwei Jahre später fuhr Gilles Villeneuve beim Training in Spa auf den March von Jochen Mass auf. Der 30-jährige Kanadier überschlug sich, wurde mitsamt Sitzschale aus dem Wagen gerissen und starb wenig später. In seiner sechsjährigen Formel-1-Karriere hat er nur sechs Siege eingefahren – aber er wurde zur Legende wie wenige Ferrari-Piloten.

Der alte Enzo litt wie ein Hund – viele Jahre trug Ferrari Villeneuves alte Startnummer 27 – bis Michael die 1 mitbrachte.

Villeneuves Teamkollege Didier Pironi wurde 1982 noch Vizeweltmeister, hinter

1991: Mit Jean Alesi hatte Ferrari spektakuläre Auftritte aber keine Erfolge: Von 1990-1993 blieb die Scuderia ohne Sieg.

1995: Die Vergangenheit und die Zukunft – bei Jean Alesis einzigem Sieg wurde der Ferrari-Pilot von den Jordan-Fahrern Eddie Irvine und Rubens Barrichello flankiert. Noch ahnte niemand, dass sie einmal Michael Schumachers Helfer bei Ferrari sein würden…

Keke Rosberg (Williams) und holte den Konstrukteurstitel für die Scuderia. Er wurde im Jahr darauf verteidigt. Nun aber setzte auch bei der Konstrukteurs-WM die rabenschwarze Phase ein: Der nächste Titel kam erst 1999 – nach 16 Jahren.

Michele Alboreto und Gerhard Berger waren das letzte Team, das der Commendatore noch selbst verpflichtet hatte. Nach seinem Tod investierte Ferrari 1989 die Rekordsumme von 200 Millionen Mark in Technik und Piloten.

Der neue Ferrari-Haudegen Nigel Mansell griff zumindest entscheidend in den WM-Kampf 1989 ein: In Estoril rammte er, obwohl er längst disqualifiziert war, den führenden McLaren-Fahrer Ayrton Senna von der Piste. Dem Brasilianer fehlten diese Punkte in der Endabrechnung – er verlor den Titel an seinen McLaren-Teamkollegen Alain Prost.

1990 hatte die neue Ferrari-Hoffnung Alain Prost zum Saisonende die Chance, der Scuderia endlich den Weltmeistertitel zu bescheren. Aber McLaren-Mann Ayrton Senna revanchierte sich für ein Prost-Foul im Vorjahr: Mit einem gezielten Rammstoß warf er Prost aus dem Rennen und war Weltmeister. Die Kopie des Manövers missriet Schumacher 1997 in Jerez.

MAJESTÄTS-BELEIDIGUNG

Alain Prost beging 1991 Majestätsbeleidigung. Der Franzose, mit McLaren bereits dreifacher Weltmeister geworden, wetterte öffentlich: „Der Ferrari fährt sich wie ein Lastwagen." Worauf er gefeuert wurde und nach einem gutbezahlten Pausenjahr seinen vierten WM-Titel holte, allerdings bei Williams.

Es waren immer dieselben Teams, gegen die Ferrari in den Neunzigern scheiterte: Williams oder McLaren – von Schumachers beiden Benetton-Titeln abgesehen. Gegen die High-Tech-Unternehmen aus England mutete die Ferrari-Rennabteilung wie ein Überbleibsel aus dem letzten Jahrzehnt an: 3 Stunden Mittagspause statt 18-Stunden-Tagen, Rotwein statt Aufputschpillen, Palaver statt Computeranalysen.

Drei Jahre nach dem Tod des Commendatore kehrte Luca di Montezemolo 1991 zurück. Er hatte Ferrari nach Laudas Rücktritt verlassen. Montezemolo holte Konstrukteur John Barnard, engagierte wieder Gerhard Berger und stellte ihm den Franzosen Jean Alesi zur Seite. Beide fuhren sich zwar ins Guinessbuch der Rekorde als bis dato längstes gemeinsames Formel-1-Duo, holten aber in drei Jahren nur je einen Sieg. Die ruhmreiche Scuderia Ferrari, führend nach Zahl der Siege, Weltmeistertitel und Konstrukteurstitel, wurde weltweit hämisch belächelt, nur die Tifosi hofften Jahr für Jahr, beteten, fluchten, weinten.

SENNA ZU FERRARI

Der Faszination von Ferrari vermochten sich auch die größten Piloten nicht zu entziehen. Ayrton Senna führte 1994 ein Gespräch mit Montezemolo und gestand ihm: „Ich möchte meine Karriere bei Ferrari beenden." Der Tod im Williams machte die Pläne zu nichte.

Der V12 – einziger im Feld – war in der ersten Hälfte der Neunziger gnadenlos unzuverlässig. Zwar brachte er 1994 rund 800 PS an die Achse, aber die Ausfälle überwogen die Zielankünfte deutlich.

Da zog Luca di Montezemolo die Notbremse. Er unterschrieb den 25-Millionen-Dollar-Scheck, mit dem er Michael Schumacher in die Scuderia holte. Er wusste, welchem Erfolgsdruck er sich damit aussetzte.

Michael gewann im ersten Jahr drei Rennen – so viele Siege hatte man in den fünf Jahren zuvor insgesamt nicht geschafft. In seinem zweiten und dritten Jahr verlor er den Titel im letzten Rennen, im vierten Jahr durch einen Beinbruch. Das fünfte brachte den Triumph.

Von diesen Jahren erzählt dieses Buch.

FERRARIS TITEL

Titel 1 und 2

1952/53

Alberto Ascari
Italien
1918 – 1955

Der erste – und bis heute der einzige Italiener, der mit dem Nationalheiligtum Scuderia Weltmeister wurde. Die Karriere des Mailänders war typisch für Männer seiner Generation: Als 22-Jähriger fuhr er 1940 sein erstes Rennen, dann stoppte der Krieg seine Karriere für zehn Jahre. Ascari, dessen Vater in den Zwanziger Jahren ein berühmter Rennfahrer war, wurde Fiat-Händler in Mailand. Er war bereits beim ersten Formel-1-Einsatz eines Ferrari dabei. Ascari gewann 13 seiner 32 Grand Prix – immer auf Ferrari. Er wechselte 1954 zu Lancia und stürzte ein Jahr später beim Monaco-Grand Prix ins Hafenbecken. Ascari überlebte – für drei Tage. Dann kam er in Monza im Ferrari eines Freundes ums Leben – vielleicht eine Folge des Hafenunfalls.

Titel 3

1956

Juan Manuel Fangio
Argentinien
1911 – 1995

Er war 45 Jahre und hatte schon drei Weltmeistertitel, als er 1956 zu Ferrari kam. Der Argentinier war für Mercedes der Häkkinen der 50er Jahre, er holte in den Silberpfeil-Jahren 1954 und 55 souverän den Titel, hatte ihn 1951 schon einmal für Alfa Romeo gewonnen. Nachdem sich Mercedes aus dem Rennsport zurückzog, unterschrieb Fangio nach langem Zögern bei Ferrari. Als er den Titel hatte, trennte man sich. Fangio ging zu Maserati, wurde zum fünften Mal Weltmeister. Der erfolgreichste Rennfahrer aller Zeiten gewann 24 von 51 Grand Prix – fast jeden zweiten.Und er überlebte – für Spitzenfahrer jener Zeit eher die Ausnahme. Bis kurz vor seinem Tod 1995 besuchte Fangio als Gast viele Rennen, lernte auch Michael Schumacher noch kennen.

Titel 4

1958

Mike Hawthorn
Großbritannien
1929 – 1959

Ein Engländer durch und durch. Er trug beim Rennen stets eine Fliege – aber auch, als einer der ersten, einen Sturzhelm. 1953 kam er zu Ferrari. Zweimal unterbrach er seinen Vertrag, weil er lieber ein englisches Auto fahren wollte. Hawthorn geriet in die Kritik, weil er als Auslöser der Tragödie von Le Mans galt, bei der 1955 über 80 Zuschauer ums Leben kamen. Sein Triumphjahr 1958 war ein schwarzes Jahr für Ferrari – die Piloten Luigi Musso und Peter Collins starben. Als Mike Hawthorn den Weltmeistertitel knapp vor dem Cooper-Piloten Stirling Moss gewonnen hatte, zog er sich aus dem Rennsport zurück. Er sollte englischer Ferrari-Importeur werden. Wenige Wochen später starb er bei einem privaten Wettrennen auf der Landstraße.

Titel 5

1961

Phil Hill
USA
*1927

Der Kalifornier hatte auf Ferrari dreimal die 24 Stunden von Le Mans gewonnen, ehe er nach langem Betteln 1958 einen Formel-1-Vertrag bekam. Drei Jahre kämpfte er mit seinem deutschen Teamkollegen Wolfgang Graf Berghe von Trips um den Titel. Beide kamen mit dem neuen Mittelmotor-Ferrari bestens zurecht. In Monza sollte 1961 die Entscheidung fallen. Aber Trips kollidierte mit dem Lotus-Fahrer Jim Clark und überschlug sich. Mit dem Grafen starben 13 Zuschauer. Das Rennen ging weiter, Hill gewann und wurde erster US-Weltmeister in der Formel 1. Der sensible und musisch veranlagte Mann, der schon mal verspätet zu einer Trainingssitzung kam, weil er im Radio ein Konzert zu Ende hören wollte, besitzt heute ein Automuseum in Kalifornien.

GALERIE

Titel 6

1964

John Surtees
Großbritannien
*1934

Mit 26 Jahren war er bereits siebenfacher Motorradweltmeister, erst dann entschied er sich für Autorennen. 1963 kam er zu Ferrari, gewann gleich das fünfte Rennen und wurde ein Jahr später Formel-1-Weltmeister. 1965 bekam er nach einem Rennunfall in einem CanAm-Rennen die letzte Ölung, aber er berappelte sich, saß ein halbes Jahr später wieder in einem Formel-1-Ferrari und gewann das zweite Rennen. Aber inzwischen hatte sich Surtees schwer mit Enzo Ferrari verkracht, der auf Lorenzo Bandini setzte. Surtees, vom Naturell her ebenso starrköpfig wie Enzo, wechselte mitten in der Saison zu Cooper. In den Siebzigern führte Surtees einen eigenen Rennstall ohne großen Erfolg. Heute schreibt er für englische Oldtimer-Zeitungen.

Titel 7 und 8

1975 und 1977

Niki Lauda
Österreich
*1949

Enzo Ferrari schenkte dem mäßig erfolgreichen BRM-Fahrer 1973 sein Vertrauen und einen Vertrag. Niki war schlagartig seine Riesenschulden los, die er durchs Rennfahren angehäuft hatte. Im Jahr darauf degradierte der Österreicher seinen Teamkollegen Clay Regazzoni und holte seinen ersten Weltmeistertitel. Er hätte ihn 1976 locker verteidigt, wäre nicht der schwere Unfall vom Nürburgring passiert. Trotzdem war sein Punktevorsprung so groß, dass er beim Finale in Japan wieder Weltmeister geworden wäre. Doch im strömenden Regen fuhr er an die Box, überließ McLaren-Pilot James Hunt den Titel. Enzo Ferrari grollte ein ganzes Jahr lang. Lauda holte erneut den Titel – und ging. Nach einer Rennpause gewann er 1984 für McLaren seinen dritten WM-Titel.

Titel 9

1979

Jody Scheckter
Südafrika
*1950

Der Südafrikaner mit Vorfahren aus Litauen war 1972 in die Formel 1 gekommen. Er fuhr für McLaren und Wolf, war in Laudas zweitem Weltmeisterjahr gar Vize. Enzo Ferrari wollte ihn unbedingt haben. 1979 unterschrieb der lockenköpfige „Baby-Bär", wie er genannt wurde. Es war ein großes Jahr für die Scuderia: Jody Scheckter und sein Teamkollege Gilles Villeneuve holten jeweils drei Siege. Zum Schluss wurde Scheckter Weltmeister vor Villeneuve, weil er regelmäßiger punktete. Im Jahr drauf war der Ferrari eine solche Gurke, dass Scheckter nur zwei Punkte machte, Villeneuve mit sechs kaum mehr. Scheckter gab seine Rennkarriere auf. 21 Jahre lang lag auf ihm der Ruhm, Ferraris letzter Weltmeister zu sein. Seit dem 8. Oktober 2000 ist er der vorletzte.

Titel 10

2000

Michael Schumacher
Deutschland
*1969

Als Michael Schumacher 1991 in die Formel 1 kam, war Ferrari oft die Lachnummer der Formel 1: Mit schwergewichtigen V-12-Aggregaten rannten sie gegen die kleinen Ford V8-Motoren von Michaels Benetton an – doch meistens blieben die Piloten Gerhard Berger und Jean Alesi wegen kleiner Teamschlampereien am Streckenrand liegen. Nach seinen beiden Titeln für Benetton kam Michael 1996 zur Scuderia. Er brachte seine Vertrauten mit, fand in Teamchef Jean Todt einen General mit geradezu preußischen Tugenden. Beide räumten auf und ab: Drei Beinahe-Titeln folgte zur Jahrtausendwende die langersehnte Weltmeisterschaft. Das ehrgeizige Ziel des Deutschen: „Den Titel im nächsten und übernächsten Jahr zu verteidigen."

FERRARI-FAHRER 1950 – 2000

Jahr	Punkte	Rang
1950		
Alberto Ascari (I)	11	5
Peter Whitehead (GB)	4	9
Raymond Sommer (F)	3	13
Dorino Serafini (I)	3	13
1951		
Alberto Ascari (I)	25	2
José Froilan Gonzalez (RA)	24	3
Luigi Villoresi (I)	15	5
Piero Taruffi (I)	10	6
1952		
Alberto Ascari (I)	36	1
Guiseppe Farina (I)	25	2
Piero Taruffi (I)	22	3
Rudolf Fischer (CH)	10	4
Luigi Villoresi (I)	8	7
1953		
Alberto Ascari (I)	34,5	1
Guiseppe Farina (I)	26	3
Mike Hawthorn (GB)	19	4
Luigi Villoresi (I)	17	5
1954		
José F. Gonzalez (RA)	25	2
Mike Hawthorn (GB)	24,5	3
Maurice Trintignant (F)	17	4
Guiseppe Farina (I)	6	8
Roberto Manzon (F)	4	12
Umberto Maglioli (I)	2	19
1955		
Maurice Trintignant (F)	11	4
Guiseppe Farina (I)	10	5
Paul Frère (B)	3	14
Josè Froilan Gonzalez (RA)	2	16
Umberto Maglioli (I)	1	21
1956		
Juan M. Fangio (RA)	30	1
Peter Collins (GB)	25	3
Eugenio Castellotti (I)	7,5	6
Paul Frère (B)	6	7
Luigi Musso (I)	4	11
Alfonso de Portago (E)	3	15
Oliver Gendebien (B)	2	19
1957		
Luigi Musso (I)	16	3
Mike Hawthorn (GB)	13	4
Peter Collins (GB)	8	8
Maurice Trintignant (F)	5	12
Wolfgang von Trips (D)	4	14
Alfonso de Portago (E)	1	20
1958		
Mike Hawthorn (GB)	41	1
Peter Collins (GB)	14	5
Luigi Musso (I)	12	7
Wolfgang von Trips (D)	9	10
Phil Hill (USA)	9	10
1959		
Tony Brooks (GB)	27	2
Phil Hill (USA)	20	4
Dan Gurney (USA)	13	7
Oliver Gendebien (B)	3	15
Cliff Allison (GB)	2	17
Jean Behra (F)	2	17
1960		
Phil Hill (USA)	16	5
Wolfgang von Trips (D)	10	6
Richie Ginther (USA)	8	8
Cliff Allison (GB)	6	12
Willy Mairesse (B)	4	15
1961		
Phil Hill (USA)	34	1
Wolfgang von Trips (D)	33	2
Richie Ginther (USA)	16	5
Giancarlo Baghetti (I)	9	9
1962		
Phil Hill (USA)	14	6
Giancarlo Baghetti (I)	5	11
Lorenco Bandini (I)	4	12
Pedro Rodriguez (MEX)	4	12
Willy Mairesse (B)	3	14
1963		
John Surtees (GB)	22	4
Lorenzo Bandini (I)	6	9
Ludovico Scarfiotti (I)	1	15
1964		
John Surtees (GB)	40	1
Lorenzo Bandini (I)	23	4
Pedro Rodriguez (MEX)	1	19
1965		
John Surtees (GB)	17	5
Lorenzo Bandini (I)	13	6
1966		
John Surtees (GB) (nach 2 Rennen zu Cooper)	28	2
Lorenzo Bandini (I)	12	8
Mike Parkes (GB)	12	8
Ludovico Scarfiotti (I)	9	10
1967		
Chris Amon (NZ)	20	4
Mike Parkes (GB)	2	16
Ludovico Scarfiotti (I)	1	19
1968		
Jacky Ickx (B)	27	4
Chris Amon (NZ)	10	10
1969		
Chris Amon (NZ)	4	12
Pedro Rodriguez (MEX)	3	13
1970		
Jacky Ickx (B)	40	2
Clay Regazzoni (CH)	33	3
Ignazio Giunti (I)	3	17
1971		
Jacky Ickx (B)	19	4
Clay Regazzoni (CH)	13	7
Mario Andretti (USA)	12	8
1972		
Jacky Ickx (B)	27	4
Clay Regazzoni (CH)	15	6
Mario Andretti (USA)	4	12
1973		
Jacky Ickx (B)	12	9
Arturo Merzario (I)	6	12
1974		
Clay Regazzoni (CH)	52	2
Niki Lauda (A)	38	4
1975		
Niki Lauda (A)	64,5	1
Clay Regazzoni (CH)	25	5
1976		
Niki Lauda (A)	68	2
Clay Regazzoni (CH)	31	5
Carlos Reutemann (USA)	3	16
1977		
Niki Lauda (A)	72	1
Carlos Reutemann (USA)	42	4
1978		
Carlos Reutemann (USA)	48	3
Gilles Villeneuve (CAN)	17	9
1979		
Jody Scheckter (SA)	51	1
G. Villeneuve (CAN)	47	2
1980		
Gilles Villeneuve (CAN)	6	10
Jody Schecker (SA)	2	19
1981		
Gilles Villeneuve (CAN)	25	7
Didier Pironi (F)	9	13
1982		
Didier Pironi (F)	39	2
Patrick Tambay (F)	25	7
Gilles Villeneuve (CAN)	6	15
Mario Andretti (USA)	4	19
1983		
René Arnoux (F)	49	3
Patrick Tambay (F)	40	4
1984		
Michele Alboreto (I)	30,5	4
René Arnoux (F)	27	6
1985		
Michele Alboreto (I)	53	2
Stefan Johansson (S)	26	7
René Arnoux (F)	3	17
1986		
Stefan Johansson (S)	23	5
Michele Alboreto (I)	14	8
1987		
Gerhard Berger (A)	36	5
Michele Alboreto (I)	17	7
1988		
Gerhard Berger (A)	41	3
Michele Alboreto (I)	24	5
1989		
Nigel Mansell (GB)	38	4
Gerhard Berger (A)	21	7
1990		
Alain Prost (F)	71	2
Nigel Mansell (GB)	37	5
1991		
Alain Prost (F)	34	5
Jean Alesi (F)	21	7
Gianni Morbidelli (I)	0,5	24
1992		
Jean Alesi (F)	18	7
Ivan Capelli (I)	3	12
1993		
Jean Alesi (F)	16	6
Gerhard Berger (A)	12	8
1994		
Gerhard Berger (A)	41	3
Jean Alesi (F)	24	5
Nicola Larini (I)	6	14
1995		
Jean Alesi (F)	42	5
Gerhard Berger (A)	31	6
1996		
Michael Schumacher (D)	59	3
Eddie Irvine (GB)	11	11
1997		
*Michael Schumacher (D)	81	2
Eddie Irvine (GB)	78	8
*Punkte wurden gestrichen (Jerez-Unfall)		
1998		
Michael Schumacher (D)	86	2
Eddie Irvine (GB)	47	4
1999		
Eddie Irvine (GB)	74	2
Michael Schumacher (D)	44	4
2000		
Michael Schumacher (D)	108	1
Rubens Barrichello (BRA)	62	4

Alle Punktzahlen ohne Streichresultate

Juan Manuel Fangio, Ferrari-Weltmeister 1956

ALLE WELTMEISTER DER FORMEL 1

Jahr	Fahrer	Team	Punkte
1950	1. Giuseppe Farina (I)	Alfa Romeo	30
	2. Juan Manuel Fangio (RA)	Alfa Roméo	27
	3. Luigi Fagioli (I)	Alfa Roméo	24
1951	1. Juan-Manuel Fangio (RA)	Alfa Romeo	31
	2. Alberto Ascari (I)	Ferrari	25
	3. José Froilan Gonzales (RA)	Ferrari	24
1952	1. Alberto Ascari (I)	Ferrari	36
	2. Giuseppe Farina (I)	Ferrari	25
	3. Piero Taruffi (I)	Ferrari	22
1953	1. Alberto Ascari (I)	Ferrari	34,5
	2. Juan-Manuel Fangio (RA)	Maserati	28
	3. Giuseppe Farina (I)	Ferrari	26
1954	1. Juan Manuel Fangio (RA)	Maserati/Mercedes	42
	2. José Froilan Gonzales (RA)	Ferrari	25
	3. Mike Hawthorn (GB)	Ferrari	24,5
1955	1. Juan Manuel Fangio (RA)	Mercedes	40
	2. Stirling Moss (GB)	Mercedes	23
	3. Eugenio Castellotti (I)	Lancia/Ferrari	12
1956	1. Juan Manuel Fangio (RA)	Ferrari	30
	2. Stirling Moss (GB)	Maserati	27
	3. Peter Collins (GB)	Ferrari	25
1957	1. Juan Manuel Fangio (RA)	Maserati	40
	2. Stirling Moss (GB)	Vanwall	25
	3. Luigi Musso (I)	Ferrari	16
1958	1. Mike Hawthorn (GB)	Ferrari	42
	2. Stirling Moss (GB)	Cooper-Climax/Vanwall	41
	3. Tony Brooks (GB)	Vanwall	24
1959	1. Jack Brabham (AUS)	Cooper-Climax	31
	2. Tony Brooks (GB)	Ferrari	27
	3. Stirling Moss (GB)	Cooper-Climax	25,5
1960	1. Jack Brabham (AUS)	Cooper-Climax	43
	2. Bruce McLaren (NZ)	Cooper-Climax	34
	3. Stirling Moss (GB)	Lotus-Climax	19
1961	1. Phil Hill (USA)	Ferrari	34
	2. Wolfgang Graf Berghe von Trips (D)	Ferrari	33
	3. Stirling Moss (GB)	Lotus-Climax	21
1962	1. Graham Hill (GB)	BRM	42
	2. Jim Clark (GB)	Lotus-Climax	30
	3. Bruce McLaren (NZ)	Cooper-Climax	27
1963	1. Jim Clark (GB)	Lotus-Climax	54
	2. Graham Hill (GB)	BRM	29
	Richie Ginther (USA)	BRM	29
1964	1. John Surtees (GB)	Ferrari	40
	2. Graham Hill (GB)	BRM	39
	3. Jim Clark (GB)	Lotus-Climax	32
1965	1. Jim Clark (GB)	Lotus-Climax	54
	2. Graham Hill (GB)	BRM	40
	3. Jackie Stewart (GB)	BRM	33
1966	1. Jack Brabham (AUS)	Brabham-Repco	42
	2. John Surtees (GB)	Ferrari/Cooper-Maserati	28
	3. Jochen Rindt (A)	Cooper-Maserati	22
1967	1. Denis Hulme (NZ)	Brabham-Repco	51
	2. Jack Brabham (AUS)	Brabham-Repco	46
	3. Jim Clark (GB)	Lotus-Cosworth	41
1968	1. Graham Hill (GB)	Lotus-Cosworth	48
	2. Jackie Stewart (GB)	Matra-Cosworth	36
	3. Denis Hulme (NZ)	McLaren-Cosworth	33
1969	1. Jackie Stewart (GB)	Matra-Cosworth	63
	2. Jacky Ickx (B)	Brabham-Cosworth	37
	3. Bruce McLaren (NZ)	McLaren-Cosworth	26
1970	1. Jochen Rindt (A)	Lotus-Cosworth	45
	2. Jacky Ickx (B)	Ferrari	40
	3. Clay Regazzoni (CH)	Ferrari	33
1971	1. Jackie Stewart (GB)	Tyrrell-Cosworth	62
	2. Ronnie Peterson (S)	March-Cosworth	33
	3. François Cevert (F)	Tyrrell-Cosworth	26
1972	1. Emerson Fittipaldi (BRA)	Lotus-Cosworth	61
	2. Jackie Stewart (GB)	Tyrrell-Cosworth	45
	3. Denis Hulme (NZ)	McLaren-Cosworth	39
1973	1. Jackie Stewart (GB)	Tyrrell-Cosworth	71
	2. Emerson Fittipaldi (BRA)	Lotus-Cosworth	55
	3. Ronnie Peterson (S)	Lotus-Cosworth	52
1974	1. Emerson Fittipaldi (BRA)	McLaren-Cosworth	55
	2. Clay Regazzoni (CH)	Ferrari	52
	3. Jody Scheckter (ZA)	Tyrrell-Cosworth	45
1975	1. Niki Lauda (A)	Ferrari	64,5
	2. Emerson Fittipaldi (BRA)	McLaren-Cosworth	45
	3. Carlos Reutemann (RA)	Brabham-Cosworth	37
1976	1. James Hunt (GB)	McLaren-Cosworth	69
	2. Niki Lauda (A)	Ferrari	68
	3. Jody Scheckter (ZA)	Tyrrell-Cosworth	49
1977	1. Niki Lauda (A)	Ferrari	72
	2. Jody Scheckter (ZA)	Wolf-Cosworth	55
	3. Mario Andretti (USA)	Lotus-Cosworth	47
1978	1. Mario Andretti (USA)	Lotus-Cosworth	64
	2. Ronnie Peterson (S)	Lotus-Cosworth	51
	3. Carlos Reutemann (RA)	Ferrari	48
1979	1. Jody Scheckter (ZA)	Ferrari	51
	2. Gilles Villeneuve (CDN)	Ferrari	47
	3. Alan Jones (AUS)	Williams-Cosworth	40
1980	1. Alan Jones (AUS)	Williams-Cosworth	67
	2. Nelson Piquet (BRA)	Brabham-Cosworth	54
	3. Carlos Reutemann (RA)	Williams-Cosworth	42
1981	1. Nelson Piquet (BRA)	Brabham-Cosworth	50
	2. Carlos Reutemann (RA)	Williams-Cosworth	49
	3. Alan Jones (AUS)	Williams-Cosworth	46
1982	1. Keke Rosberg (SF)	Williams-Cosworth	44
	2. Didier Pironi (F)	Ferrari Turbo	39
	John Watson (GB)	McLaren-Cosworth	39
1983	1. Nelson Piquet (BRA)	Brabham-BMW Turbo	59
	2. Alain Prost (F)	Renault Turbo	57
	3. René Arnoux (F)	Ferrari Turbo	49
1984	1. Niki Lauda (A)	McLaren TAG-Porsche	72
	2. Alain Prost (F)	McLaren TAG-Porsche	71,5
	3. Elio de Angelis (I)	Lotus-Renault T.	34
1985	1. Alain Prost (F)	McLaren TAG-Porsche	73
	2. Michele Alboreto (I)	Ferrari	53
	3. Keke Rosberg (SF)	Williams-Honda	40
1986	1. Alain Prost (F)	McLaren TAG-Porsche	72
	2. Nigel Mansell (GB)	Williams-Honda Turbo	70
	3. Nelson Piquet (BRA)	Williams-Honda Turbo	69
1987	1. Nelson Piquet (BRA)	Williams-Honda Turbo	73
	2. Nigel Mansell (GB)	Williams-Honda Turbo	61
	3. Ayrton Senna (BRA)	Lotus-Honda Turbo	57
1988	1. Ayrton Senna (BRA)	McLaren-Honda Turbo	90
	2. Alain Prost (F)	McLaren-Honda Turbo	87
	3. Gerhard Berger (A)	Ferrari Turbo	41
1989	1. Alain Prost (F)	McLaren-Honda	76
	2. Ayrton Senna (BRA)	McLaren-Honda	60
	3. Riccardo Patrese (I)	Williams-Renault	40
1990	1. Ayrton Senna (BRA)	McLaren-Honda	78
	2. Alain Prost (F)	Ferrari	71
	3. Nelson Piquet (BRA)	Benetton-Ford	43
1991	1. Ayrton Senna (BRA)	McLaren-Honda	96
	2. Nigel Mansell (GB)	Williams-Renault	72
	3. Riccardo Patrese (I)	Williams-Renault	53
1992	1. Nigel Mansell (GB)	Williams-Renault	108
	2. Riccardo Patrese (I)	Williams-Renault	56
	3. Michael Schumacher (D)	Benetton-Ford	53
1993	1. Alain Prost (F)	Williams-Renault	99
	2. Ayrton Senna (BRA)	McLaren-Ford	73
	3. Damon Hill (GB)	Williams-Renault	69
1994	1. Michael Schumacher (D)	Benetton-Ford	92
	2. Damon Hill (GB)	Williams-Renault	91
	3. Gerhard Berger (A)	Ferrari	41
1995	1. Michael Schumacher (D)	Benetton-Renault	102
	2. Damon Hill (GB)	Williams-Renault	69
	3. David Coulthard (GB)	Williams-Renault	49
1996	1. Damon Hill (GB)	Williams-Renault	97
	2. Jacques Villeneuve (CAN)	Williams-Renault	78
	3. Michael Schumacher (D)	Ferrari	59
1997	1. Jacques Villeneuve (CDN)	Williams-Renault	81
	2. Heinz-Harald Frentzen (D)	Williams-Renault	42
	3. David Coulthard (GB)	McLaren-Mercedes	36
	Jean Alesi (F)	Benetton-Renault	36
1998	1. Mika Häkkinen (FIN)	McLaren-Mercedes	100
	2. Michael Schumacher (D)	Ferrari	86
	3. David Coulthard (GB)	McLaren-Mercedes	56
1999	1. Mika Häkkinen (FIN)	McLaren-Mercedes	76
	2. Eddie Irvine (GB)	Ferrari	74
	3. Heinz-Harald Frentzen (D)	Jordan-Mugen-Honda	54
2000	1. Michael Schumacher (D)	Ferrari	108
	2. Mika Häkkinen (FIN)	McLaren-Mercedes	89
	3. David Coulthard (GB)	McLaren-Mercedes	73

SCUDERIA FERRARI
SIEMENS

Team des Jahres

Zum zehnten Mal in der Geschichte der Formel 1 ging der begehrte Konstrukteurs-Pokal an die Scuderia Ferrari. Verdienter Lohn für die harte Arbeit des gesamten Teams. Die Crew versammelte sich zum fröhlichen Familienfoto, ehe kräftig gefeiert wurde.

Bildnachweis

ASA Fotoagentur: 16/17, 18/19, 20, 21o, 44ol, 56(3), 85or, 96/97, 98/99, 103or, 104m, 111o, 112/113, 116u, 118/119, 126(2:u), 136(2:m+u), 144/145, 150u; **AutoBild: Ahrens:** 36o; **Lindloff:** 21m, 66/67u, 92um; **Sonntag:** 24m, 33o, 69ul, 78/79, 85(2:ol+u), 87r; **ATP:** 125ur, 155ml, 155mr; **Bongarts Presseagentur:** 28u, 82/83, 92o, 104, 115o; **DPA:** 3, 6, 9o, 132l, 134ur, 137, 139o, 140u, 141; **Debionne/Bunte:** 32; **Deutsches Historisches Museum:** 154ml; **Diethelm Doll:** 156; **Bernard Cahier:** 147om, 149om, 154(2:l+mr); **Jürgen Dilk:** 50o, 51, 53, 54/55u; **Ferrari:** 145(2:m+u); **Lukas T. Gorys:** Vorsatz, Nachsatz, 1, 2, 4/5, 8/9, 10/11, 12/13, 14/15, 22, 25, 27, 29, 30, 33u, 34, 36/37u, 38ol, 39, 40/41, 42(2), 43(3), 45r(2), 54ml, 55ml, 58/59, 61, 62(3), 63, 64/65, 66o, 67ol, 68, 69(2:o+ur), 71(2:or+u), 74/75, 77(6), 80/81(2), 86/87(2), 88/89(3), 90/91, 92om, 93, 97o, 99or, 100, 101, 102/103u, 105, 106/107, 108, 109, 110(3), 111u, 115ul, 116o, 117, 121(3), 122/123(4), 124o, 125(2:o+ul), 127u, 128, 129, 130/131, 133, 134, 135, 139u, 140o, 142, 143, 152 (2:ol+u), 153, 155r, 158/159, 160; **Ute Heinzerling:** 24o; **ICN:** 73o; **Burkhard Kasan:** 28o; **Kathan:** 38or; **Ulrich Kettler:** 55ml; **Keystone:** 146/147; **Alfred Kuckertz:** 114: **Mattel:** 26; **Thomas Melzer:** 73u, 134o, 136o; **Günther Molter:** 147(3:o+um+u), 149(2:o+um); **Adolf Neubert:** 48/49, 54or; **Gerhard Noak:** 50ur, 54ol; **Pan Images:** 126o; **Privat:** 54mr, 55ol; **RTL:** 70/71o, 138; **Andrea Schaller:** 44/45m; **Foto Schirnhofer:** 72; **Sports News:** 124m, 127o; **Süddeutscher Verlag:** 155r; **Sutton Images:** 33m, 55(2:or+ur), 92u, 94/95, 99ur, 102ol, 115ur, 144m, 148, 149u, 150(2:or+ol), 151or; **Ullstein:** 154r; **Foto Wende:** 21u; **Rücktitel: ASA** or, 2.R.l, ur; **AutoBild Ahrens** 2.R.r; **Andrea Schaller** 3.R.r; **Gorys** 3.R.m,l, Hintergrund; **Titel: DPA** (2)